古今中外全视角研究管理思想的发展与借鉴

U0815201

管理思想发展与借鉴

赵志军　王　姣　赵翰林　著

Management

Thoughts: Development and Reference

企业管理出版社
ENTERPRISE MANAGEMENT PUBLISHING HOUSE

图书在版编目（CIP）数据

管理思想发展与借鉴 / 赵志军，王姣，赵翰林著
. -- 北京：企业管理出版社，2022.12
ISBN 978-7-5164-2730-9

Ⅰ. ①管… Ⅱ. ①赵… ②王… ③赵… Ⅲ. ①管理学
—思想史—世界 Ⅳ. ① C93-091

中国版本图书馆 CIP 数据核字（2022）第 194675 号

书　　名：管理思想发展与借鉴
书　　号：ISBN 978-7-5164-2730-9
作　　者：赵志军　王　姣　赵翰林
选题策划：周灵均
责任编辑：张　羿　周灵均
出版发行：企业管理出版社
经　　销：新华书店
地　　址：北京市海淀区紫竹院南路 17 号　　**邮　　编：**100048
网　　址：http://www.emph.cn　　**电子信箱：**26814134@qq.com
电　　话：编辑部（010）68456991　　发行部（010）68701816
印　　刷：北京虎彩文化传播有限公司
版　　次：2022 年 12 月第 1 版
印　　次：2023 年 5 月第 2 次印刷
开　　本：710mm × 1000mm　1/16
印　　张：18
字　　数：240 千字
定　　价：89.00 元

版权所有　翻印必究 · 印装有误　负责调换

序言

管理思想属于思想的范畴，具有思想的特质。思想是行动的指南，正确与错误的行动，根源都来自行为者的思想。思想的差别是人与人之间最根本的差别。人虽然身体结构是相同的，但思想差别很大。虽然这种差别从外表看不出来，然而正是这种差别才有了事业的成功与失败、人的非凡与平庸。的确，非凡与平庸的主要差别不在于是否拥有多么强壮的体魄，而在于人的思想与精神强大与否。人的思想才是力量的源泉。思想的产生与升华是有规律的，规律不是显性的。只有通过对大量的历史事实进行对比分析、归纳推理，才能发现共通的东西，从而发现规律。这就是研究思想发展过程的价值所在。

第一，管理思想是人类思想中的高端意识。它是管理实践成功与失败的内在因素。人类社会一切成功壮举无不闪烁着管理思想的智慧光芒。先进的哲学思想指引我们学会正确思考，睿智的管理思想帮助我们组织起来从事有效的活动以实现目标，专门科技告诉我们如何解决专门问题。哲学思维、管理智慧、专门科技是我们走向成功的三大法宝。其中，管理智慧在思维与行动之间、确立方向与实现目标的过程中起到承上启下的作用，是理想变成现实并最终实现目标的武器。管理思想是承载管理智慧的宝库，管理思想发展演变的历史是管理智慧聚集、衍生、转化、升华的过程，总结、整理、学习人类管理思想演进、发展的历史，是收集、提升、创造、掌握、借鉴管理智慧的有效活动。

管理作为相对独立的科学研究领域是19世纪末、20世纪初的事情。

然而，管理实践和管理思想在人类历史上早就出现了，它伴随着人类共同劳动或劳动协作的出现而出现，伴随着人类生产方式的发展而发展，伴随着人类思维能力的增强而升华。管理实践是人们在社会生活中为实现一定的目的而进行的一切有组织的、实际的管理活动。管理思想发展的历史是自古及今有关管理的观点、见解、议论和理论的产生、发展、演变的历史，是管理实践经验的概括和系统化。从学科的角度来说，管理思想发展史是研究和揭示人类管理思想的产生、发展和演变的历史过程及其规律的科学。

第二，管理思想的发展从未停止。人类管理思想的发展历程是漫长的。管理实践既以管理思想为指导，映射出管理思想的光芒，又检验和再造管理思想，是管理思想创新与发展的力量源泉。总结、整理、学习管理思想发展史，重要的是以典型的管理实践、管理者的成就以及管理学家的科学成果为对象。然而，管理思想在人类社会实践中无所不在，管理实践、管理者的成就以及管理学家的科学成果浩如烟海，研究管理思想的发展首先面临的就是对象的选择问题，我们选择的基本原则就是坚持典型性、代表性、历史性、客观性及影响力标准。

第三，研究和探索管理思想发展历程对各个行业的管理者都具有重要的指导意义。在 21 世纪的头 20 年，我国的奋斗目标是全面建设惠及十几亿人口的更高水平的小康社会。从 2021 年起，我国已进入新时代的新发展阶段，面临世界百年未有之大变局。世界多极化、经济全球化、文化多样化、社会信息化，人类社会正处在大发展、大变革、大调整时代。中国正在朝着全面建设社会主义现代化强国的目标奋力前进。要实现这一宏伟目标，我国的国家治理、经济管理、科教管理等的水平都必须有较大幅度的提高。管理跟不上，一切都无从谈起。如何提高管理水平？重要的是掌握并学会运用管理科学的基本原理，结合各行业特点创造性地管理，实现各自的奋斗目标。管理思想发展历程反映的内容最具一般性，对各个行业的管理者都具有重要的指导意义。揭示和分析管理的基本原理和基本思想产生、发展、演变的过程及其应用条件，有利于我们掌握管理的灵魂，吸收管理思想的精华，在总结和发展的基础上进一步实现管理创新。

第四，研究管理思想发展历程是我们吸收国外管理科学成果的有效途径。我们在管理的某些方面与国外先进水平还存在一定的差距，善于吸收世界各国的先进管理科学成果是我们任何时候都不可缺少的明智选择。所以，我们在总结和创新自己的经验、方法的同时，必须借鉴国外先进的管理智慧。如果我们对国外的管理思想有所了解，就可以更清楚地了解国外管理实践和管理思想的发展过程，了解某些具体管理经验产生的来龙去脉，以及它们在整个管理思想发展中的地位和作用，这样便于我们对国外管理经验进行鉴别和取舍，更好地结合我国情况加以借鉴，为我国的现代化建设服务。

第五，管理思想是人们了解人类文明发展历程的重要窗口。通过这个窗口，我们可以更加清楚地看到生产力与生产关系、经济基础与上层建筑的矛盾运动是人类社会发展的根本动力，从而进一步强化唯物史观，在思想理论上更加成熟；通过这个窗口，我们可以开阔视野，了解和掌握丰富的管理智慧，增强对外开放的积极性、主动性和自信心，树立国际意识，拓宽我们的胸怀，使我们站得更高，看得更远；通过这个窗口，我们可以学到古今中外的管理经验和管理智慧，进而提高我们的管理水平和管理能力。比如，我们通过学习中国古代管理思想就会知道，管子非常强调管理者的创新精神，他的名言“不慕古，不留今，与时变，与俗化”是对其创新理念、与民共进思想的高度概括。“不慕古”反对的是因循守旧、抱残守缺；“不留今”是提示人们不要为现实所惑，陶醉于今日的成就中；“与时变”倡导的是因时而变，顺应潮流；“与俗化”即随着习俗一起发展，接“地气”，赢得百姓的支持。其中，“俗”是指民间自然形成的事物，而非因循守旧制度的规定，这些思想至今仍然很有价值。正确的世界观、全球视野和国际胸怀，加上高水平的管理能力，这正是21世纪对管理者提出的基本要求。

第六，研究管理思想发展历程的目的是学习和借鉴。从某一事物寻求借鉴，既不是将可行的经验机械照搬，也不是将过去的成果全盘抛弃，而是在对这一事物进行分析和审查的基础上，从中寻求某些对我们有益的东西和共通的规律。可资借鉴的事物，不一定都是先进的东西。整体来看先进的东西，也会包含某些落后的、不值得学习和引进的内容；反之，整体看来落后的事物，只要其中有某些内容或因素能对我们有帮助，我们也不应拒绝。我们在研究管理思想发展史的过程中，最重要的是善于学习和借鉴。学习、借鉴和创新是我们研究管理思想发展历程的根本目的所在。

赵志军

2022 年 7 月

| 目录 |

第一章

国外早期管理思想

Management
Thoughts：Development and Reference

在世界文明发展的历史长河中，管理思想自古就有。今天的许多管理思想都可以从早期管理思想中找到渊源。这里所说的“国外早期管理思想”，就是西方工业革命以前的管理思想。工业革命以前，组织主要是家庭、部落、教会、军队和国家，也有些规模比较小的经济活动。国外早期管理思想主要体现在这些组织的运行和经济活动中。通过了解国外古代社会、中世纪和文艺复兴时期的管理思想，可以清楚地了解国外早期管理思想产生和发展的脉络，充分理解管理是人类谋求生存和发展的产物，以及它与人类文明进程同步发展的历史进程。

一、国外古代社会的管理思想

国外古代社会的管理思想主要体现在苏美尔人、古埃及人、古巴比伦人、希伯来人、古希腊人、古罗马人的政治、军事和经济生活中。下面，我们分别看看他们当时的管理活动及其管理思想。

（一）苏美尔人的管理思想

古代两河流域，即底格里斯河和幼发拉底河流域，大致相当于现在的伊拉克版图，是苏美尔人生活的地方。公元前3000年初期，在苏美尔和阿卡德地区，逐渐形成了大约40个国家。这些刚产生的国家都是小国寡民，国家首脑称为“恩西”。“恩西”主管行政、军事、祭祀等。生活在那里的苏美尔人，在他们的庙宇中发展出类似“公司”的组织，由一个共同的管理机构来管理一批庙宇。这种庙宇“公司”实行双头控制制度：由一个高级祭司负责宗教礼仪活动，另一个高级祭司负责世俗活动。苏美尔人庙宇中的祭司，通过赋税制度积累了大量财物，如畜群、钱财和房地产等。为了管理这些财物，他们在泥板上用文字记载账目、文件等，这是世界上最早的管理控制系统和库存账目记录。苏美尔人管理社会的最突出的成就是建立了他们的法律体系，公元前3000年中叶以后，汇集成一部全面的法典。苏美尔法律的主要特点归纳如下：第一，以牙还牙的惩罚法。第二，执法的半私人性，受害者本人或其家庭有权控告罪犯。第三，法律面前不平等。第四，过失杀人犯和蓄意杀人犯之间有所区别。

（二）古埃及人的管理思想

古代埃及的地理范围大体和今天的埃及相当。古埃及全国统一后，建立起以法老为最高统治者的中央专制政权。第四王朝第二代法老胡福所建的金字塔，是埃及金字塔中规模最大的一座。此项工程动用了10万人，花了20年的时间，其间需要做大量的计划、组织和控制等管理工作。

法老是全国土地的最高所有者，拥有对埃及国家财产的全部支配权。从古王国时代起，政府就注意开挖新水渠，发展了规模庞大的灌溉系统和运河。绝大多数工程项目都由国家垄断，由一个庞大的官僚机构来管理。从公元前1600年左右开始，他们通过军队接管各省的权力实现集权化，把土地和权力集中到法老手中，制定了土地制度、税收制度、档案制度。全国的土地、人口、牲畜、财产都登记入册。每隔两年，进行一次全国土地普查，并根据普查结果征税。

埃及新王国时期的工商业和政府事务都有详细的文字记载。他们还认识到实行专业化的重要性，通过法律禁止手工工人从事祖传以外的手艺和参加政治活动，以便使他们专精于祖传手艺。在工程管理中，每个监工大约管理10名奴仆，反映出他们已知道管理跨度是“以十为限”。

在古埃及人的许多著作中可以发现其管理思想。普塔·霍特普的教诲书，是公元前2700年左右编写的，以后被用作教材。在这本教诲书中，霍特普教诲他的儿子说："如果你是一个指挥大批人工作的领导者，你要努力把自己的工作做得尽可能好，直到没有什么错误。真理是伟大的，而其作用是持久的……做坏事是不能使事业获得成功的。"

古埃及的管理者注意到了计划、管理的权力和责任，产生了萌芽状态的管理咨询制度、例外原则、授权等思想。例如，"领导者对未来要有所打算"说明了计划的必要性，"一个人的顾问是伟大的人，他自己才是真正伟大的人"说明了参谋咨询对管理者的价值。"你应该一视同仁，应该对你认识的人和不认识的人、接近的人和不接近的人一视同仁。""每一级官员，从最低级到最高级，都要到大臣的官邸去听取他的意见。"这些管理规则至今仍有价值。

（三）古巴比伦人的管理思想

大约在公元前1894年—公元前1595年，建立了史称古巴比伦王国的第一王朝，到第六代国王汉谟拉比统治时期，建立起一个盛极一时的中央集权国家，地理位置相当于现在的伊拉克版图。古巴比伦同中国、古埃及、古印度并称为四大文明古国。

汉谟拉比执政40余年，他把全国的行政、军事、立法、司法、祭祀、人事等大权集中在自己手里，下令开凿运河、沟渠，甚至亲自调动劳动力。

《汉谟拉比法典》是古代历史上著名的法典。所有法律都带有社会及商业管理的性质，涉及出售、契约、合伙、协议、期票、借贷、租赁、转让、抵押、遗产、奴隶等各个方面，对各种职业与各个层面人员的责、权、利关系给予明确的规定。商业交易大都是在石板上刻上文书，作为控制手段。古巴比伦人首先认识到责任不能推给下级这一原则。古巴比伦人拥有先进的管理思想，主要表现为以下四个方面。

第一，关于最低工资的规定。提出“如果一个人雇用一个农工，他每年应支付八古谷物的工资”。

第二，关于控制。规定“如果一个人在另一个人那里存放银、金或其他东西，他都应该把这些东西给一位证人看，并拟订一项契约，然后再存放”。

第三，关于责任。规定“如果一个石工造的房子倒塌而使其中住的人死亡，该石工要判处死刑”。

第四，关于生产控制与激励。规定：每个星期工厂中所用的棉纱使用不同颜色的标签来作为控制手段。纺织女工的工资是以实物形式支付的，其数额则取决于每个女工的生产量。这是早期的计件工资制，的确是一种基本的、具有高度刺激性的工资制度。

（四）希伯来人的管理思想

希伯来人是现代犹太人的祖先。他们很善于利用宗教来控制人和管理国家。起初，希伯来人信奉的是多神教，其中耶和华是诸神中的主神。大卫王建立了统一的国家后，为适应政治统一的需要，将耶和华神的地位进一步提高。以西节为首的犹太祭司竭力宣扬耶和华神是宇宙间的唯一真神，是犹太人的“救世主”，他将帮助犹太人复国，建立一个祭司宗教权力与贵族政治权力合一的统一的神权政体国家。在波斯灭掉新巴比伦王国后，犹太人重返耶路撒冷，建立了神权政体国家，形成了犹太教，其主要经典是《圣经》中的《旧约全书》。

摩西是希伯来的伟人之一。他率领希伯来人逃出埃及，摆脱埃及人的奴役。摩西的岳父可以说是人类最早的管理咨询人员，他指出摩西处理政务事必躬亲的错误，建议摩西采用授权原则和例外原则，挑选一些能干的人在各地进行管理。他向摩西提出了三条建议：一是制定法令，昭告民众；二是从百姓中挑选出能干的人，分别担任千夫长、百夫长、五十夫长和十夫长，建立起社会等级，委任管理；三是实行分级管理，一般事务由下属各级处理，只有最重要的政务才呈报摩西处理。这里已经体现了管理宽度、组织层次与管理例外原则等思想。

（五）古希腊人的管理思想

古希腊文明是欧洲文明的摇篮。古希腊人探寻各种知识和思想，提出了许多有价值的管理思想。

一是统一节奏、愉快工作的原则。他们认识到按规定速度、应用统一的方法能使产量最大化这一原则。艰苦的、单调的、重复性的工作尤其是这样，他们对这类工作往往用音乐来规定时间。他们用笛子和管乐器来规定动作，每种工作和每种作业都有歌曲。这样，他们配合着音乐来工作，引进了节奏、标准动作和工作速度。这些优点再加上音乐在心理上所起的积极作用，其结果是产量增加而浪费和疲劳减少。

二是管理普遍性原则。古希腊的思想家苏格拉底认为，管理具有普遍性。他说，一个好商人的职责和一个好将军的职责事实上是相同的。两者的职责都在于使其下属顺从，都在于把恰当的人安置在恰当的地方。此外，两者都应该惩罚坏人和奖赏好人，都应该赢得下属的好感；两者的利益都在于吸引同盟者和助手；在他们自己的工作中，两者都应该努力和勤勉。他认为，成功的管理者是那些了解这些原则并在各个领域中予以恰当应用的人。

三是专业化与合理分工的原则。柏拉图在他的《理想国》一书中首先提出了经济科学中的专业化或劳动分工原理。柏拉图指出，人不应该同时在木料和铁两个方面进行工作，因为那会使他不能获得优异成绩。他把人分为三等：第一等是治国贤哲，即管理国家的哲学家，他们的职能是以其智慧来管理国家。第二等是卫国的武士，他们的职能就是以其勇敢来帮助统治者实施暴力及进行防御，以保障从事各种行业的人们的生活需要。第三等是民间艺工，由手工业者、农民、商人等组成，他们的职能是通过其劳动供给国家物质财富并接受上面两个等级的统治。

四是提出管理的对象、目标和中心。苏格拉底的门生色诺芬在他的《家庭管理》一书中提出，“家庭管理”研究的对象是主人如何管理好自己的财产，判别管理水平优劣的标准是财富是否得以增加，管理的中心任务是加强人的管理，分工可以提高产品的质量。

五是提出管理是一种特殊技艺。色诺芬认为，管理是一种独特的技艺，有相同的规律。

（六）古罗马人的管理思想

古罗马曾是一个横跨亚、欧、非三洲大片土地的庞大帝国。罗马人能够建立起这样一个庞大的政府和军事机构并成功地维持多年，应归功于他们卓越的管理能力。

公元 284 年，戴克里先成为罗马帝国的皇帝并实行一种连续授权的组织制度。他把帝国划分为 101 个省份，这些省份归并为 13 个区，而这 13 个区又归并为 4 个大区。他任命 3 个助手管理 3 个大区，自己管理 1 个大区。他任命“总督”管理各区，“省长”管理各省的民政事务，而无权控制驻省的军队。戴克里先的组织原则至今还对管理有着影响。

古罗马人创造了类似股份有限公司的组织，它向公众出售股票，以便履行为支持战争而签订的政府合同。对外贸易的发展要求商业实行标准化。因此，国家制定了一套度量衡和币制的保障制度。当时，劳动大军已高度专业化，绝大多数人都是小型工场中的工匠。国家控制着经济生活的各个方面，征收贸易税，处罚垄断者，管理行会，等等。

古罗马军队实行“10 人编队制”。骑兵有“10 人组”，3 个“10 人组”组成一个骑兵队，10 个骑兵队组成一个骑兵团。

古罗马的法律成为后来社会文明的范例，而其立法和司法的分权制为后来的立宪政府的制约和平衡体制树立了典范。

古罗马用明智讲理的方法来解决农庄管理问题，农庄主给监工一份全年的书面工作计划，在视察农庄时，注意工作的进展情况，了解什么事情已经做好，什么事情还没有做，然后把监工召集起来要求他们报告工作，询问他们为什么未能完成其余的事情，等等。

二、中世纪的管理思想

中世纪是指从罗马帝国的衰亡到文艺复兴前这段时间。从公元600年一直延续到公元1500年。

从总体上说，在中世纪生产力的发展受到束缚，一些历史学家把这个时期称为“黑暗时代”；但是，历史的发展不会停止，城市的兴起、行会的建立、贸易的发展和大学的兴办对管理思想的发展产生了重大影响。

公元10世纪后，城市纷纷发展起来。在交通要道、关隘、渡口、教堂附近，逐渐兴起集市。许多行商成为坐商，手工业商人也聚居其中，出现了商业和手工业日趋活跃的城市。城市的发展逐步产生了城市管理者，市民的权利受到城市自治机构的保护。城市居民的自由身份吸引了大批的农奴和庄园的手工业者，他们纷纷奔向城市谋生，致使城市人口迅速增加，规模越来越大，社会对知识文化的需求不断增长，世俗大学于11世纪末在意大利诞生了，到14世纪末，欧洲已拥有40多所大学。

城市手工业者为保障自身利益而成立了行会，行会具有现代管理的某些雏形：第一，行会规定了一套等级制度，将行内人分为行东、帮工和学徒；第二，行会对产品质量做了规定；第三，限制外来同行的竞争。

由于城市贸易的发展，商品需求量不断扩大，导致商人将几个家庭生产单位集合起来，集中资本、集中生产、集中销售，工厂制度由此产生。商业的繁荣进一步导致商业组织的建立、银行的产生与核算技术的发展，出现了钱商、信用、银行、划拨结账方式、复式记账，使经营效果的衡量更加明晰，更具有说服力，从而极大地促进了管理信息系统的完善，这样就有可能使经营决策建立在较为科学的基础之上。从管理思想的继承性来看，这个时期既有对管理的理解和认识，又有丰富的管理实践。

（一）中世纪初期的管理思想

在中世纪初期，尽管没有关于管理思想的专门著作，但是在一些思想家的论述中还是可以发现许多重要的管理思想。

比如，公元 10 世纪，近东的一位哲学家阿尔法拉比指出，在模范国家中，在一个最高首领或亲王的控制之下，必须有各种等级的统治者。这个亲王，应该具有这样一些品质：大智慧、出色的记忆力、雄辩、坚定而不软弱、坚持善行、热爱正义、爱好学习、追求真理、痛恨虚伪、节制饮食和娱乐、轻视财富。

阿拉伯的神学哲学家格札里在 1100 年指出：“啊，世界之王，您始终必须保有四种品质：①公正；②智慧；③耐心；④谦虚。您永远不能有四种缺陷：①嫉妒；②傲慢；③狭隘；④怨恨……在您之前的许多国王已经逝去了，在您之后的许多国王还没有来到。在他们来到之前，努力工作，使所有的国王和臣民都怀念您。”这对管理者来讲也是金玉良言。

中世纪神学家托马斯 · 阿奎纳认为，宇宙秩序是按照等级的阶梯来安排的，即从非生物体开始，逐渐上升到人、圣徒、天使，最高是上帝。每一个较低等级都有高一级的目的，并力图达到这个目的。阿奎纳提出消费的适可原则，生产上的二因素论——劳动和土地，经济活动的干预主义、公平价格论、货币论、利息论、商业论等，这些思想影响了管理思想中关于社会和人的地位的基本理解。

帕西奥利是15世纪意大利的一位修道士，他通晓数学、神学、建筑学和军事策略等多个领域。他的著作包含许多管理思想。他论述了复式簿记制，提出必须关心企业内部的管理控制，要把备忘录、日记账和分类账编上号码并注明日期，所有的交易文件都要详尽完备并长期存档，定期核查，以便及时了解和控制现金和存货的状况。

历史学家弗雷德里克·莱恩所著的《威尼斯商人安德烈亚·巴巴里戈》，描绘了15世纪时威尼斯商业繁荣的景象。当时的企业组织的两种主要类型是合伙企业和合资企业。合伙企业主要是为工商业公司设计和使用的，合资企业则通常用于一次性交易、矿藏勘探或冒险事业。

（二）威尼斯兵工厂的管理经验

威尼斯兵工厂的管理经验十分宝贵。由于威尼斯的贸易和影响日益扩大，随之而来的保卫的必要性也日益增长，该城市在1436年建立了政府的造船厂，即兵工厂。威尼斯的兵工厂后来成为当时世界上最大的工厂，占有陆地和水面面积60英亩（1英亩≈4046.856平方米），雇用一两千个工人。政府与工厂的关系是控制与授权经营的关系。工厂内部的管理已具有相当的水平，兵工厂在成品部件的编号和储存、安装舰只的装配线、人事管理、部件的标准化、会计控制、存货控制、成本控制等方面积累了成形的管理经验。

仓库中经常备有应急物资、配件和装备，所有的装备都编上号码并储存在指定的地方。

按照工人的工作性质实行计件工资和计时工资。造船厂涉及的某些行业特别是木工行业，工人要通过考试才能入职。在生产部件和装配中采用标准化管理，实行会计控制，当时的人们认识到会计是一种管理控制的技术，会计在用料等方面实行成本控制。

（三）中世纪后期的管理思想

在中世纪后期，马基雅维利和莫尔等人的思想对管理思想的发展具有一定的作用。

1. 马基雅维利的管理思想

尼科洛·马基雅维利（Niccolo Machiavelli，1469—1527）生于佛罗伦萨一个破落的士绅家庭，后来成为意大利文艺复兴初期著名的政治思想家和历史学家，被称为“政治学之父”。他于1498—1512年任佛罗伦萨共和国国务秘书，主张结束当时意大利的政治分裂，建立一个统一而强大的君主国，且为了实现这个目的，可以不择手段。他的这种主张以后被人叫作“马基雅维利主义”。这种主张在当时反映了意大利新兴资产阶级的要求。他写作的范围很广，包括信件、剧本、诗、政论、历史等，其中最有名的是《君主论》《讲话集》《罗马史论》《佛罗伦萨史》等。在这些著作中，与20世纪管理有关的原则主要有以下四个。

第一，必须依靠群众的支持。马基雅维利经常申述，所有的政府，不论是君主制、贵族制或民主制，其持续存在都依赖于群众的支持。君主可能通过武力或继承而登上王位，但要牢固地控制国家，还必须得到群众的支持。他的这种主张事实上是权力接受论，即权力的来源是自下而上的，而不是自上而下的。他还指出，如果一位君王既可以通过贵族获得权力，也可以通过人民获得权力，那他就应该明确地选择后者。

第二，组织要有内聚力。马基雅维利认为，组织中内聚性的原则在于能使国家持续存在。一个君主能维持组织统一的最有效的方法就是紧紧地抓住自己的朋友。组织内聚力的一个关键因素是使人民确实知道他们可以指望自己的君主，以及君主对他们的期望是什么——责任明确性原则。一个君主如果没有法律而只有多变的政策，很快就会使整个国家陷入混乱。

第三，领导要有领导技艺。马基雅维利认为，一个领导者应该成为人民的榜样并鼓舞他的人民从事伟大的事业。要注意所有的集团，时时同他们打成一片，以自己的博爱和仁慈为他们树立榜样，但始终要维持自己的尊严，在任何事情上都不能丧失。应该奖赏那些有益于城市和国家的人，保证他的公民不至于被不公平地剥夺自己的物品，以此来鼓励他们从事自己的职业和使命。要善于对事件和人民进行观察，识别忠诚于他的贵族和只是追求自己利益的贵族，并使他们有利于自己，能够使事件和人民有利于自己，当机会来到时，要善于利用，但并不是以一种欺诈的方式。

第四，领导者一定要有使组织存在下去的意志。马基雅维利认为，任何组织的主要目标之一是使自己存在下去。政府机构、宗教团体、公司等，全都努力使自己永远存在下去。因而他提出这样的建议，一个君主应该像罗马人那样对混乱状态时刻保持警惕，以便及时予以扑灭。当他的王国处于存亡关头时，君王有权采取严酷的措施。必要时，抛开所有道德上的借口，背弃任何已不再有用的誓言。马基雅维利所提出的管理原则是为了使君王能够成功地管理一个国家，但同样也适用于管理其他组织，因此对以后的管理思想发展有很大的影响。

2. 莫尔的管理思想

托马斯·莫尔（Thomas More，1478—1535）于1478年出生于伦敦一个富裕的法官家庭，欧洲早期空想社会主义学说的创始人，才华横溢的人文主义者和阅历丰富的政治家，历任国家要职，当过下议院的议长，任过大法官，以其《乌托邦》（全译为《关于最完美的国家制度和乌托邦新岛的既有益又有趣的全书》）而名垂史册。1535年因拒绝宣誓承认英国国王为英国教会最高领袖而被处死。

《乌托邦》首次系统地阐述了空想社会主义的基本思想，同时也阐述了许多同管理有关的思想。

第一，批判私有制，主张公有制。莫尔把英国社会分为两种人——食利者和生产者，并进一步认为这种分化的根源在于私有制。只要私有制存在，这种贫富不均以及少数人掌握巨大财富而多数人遭受苦难和重压的状况就会存在，而“只有完全废止私有制度，财富才可以得到平均公正的分配，人类才有福利”。在理想社会中，实行财产公有制，不存在商品货币关系，人们鄙视金银。社会拥有丰富的产品，按需分配。

第二，统一调配人力和组织生产。莫尔的乌托邦分为 54 个城市，城市的周围围绕着农场和田野。人们都是生活在错落有致的城市中的居民，并在城市中从事某一职业，各种行业的特点是按照劳动专业化以及最大限度地利用人力资源的原则来划分的。国家可以统一调动劳动力，人民住在城市里从事手工业生产，并分批到农业区进行义务劳动，除了选出少数人终身从事有用的学术活动，所有的男人和女人都必须在早年学习一门手艺，并在以后终身从事该手艺。每日劳动 6 个小时，业余时间学习文化和研究科学。乌托邦中已有专门从事管理工作的非体力劳动者，比如极少数学者和行政长官。整个社会经济是按照一定的统一原则管理的。

第三，民主管理国家事务。莫尔主张用民主的方式选择政府官员，按照民主的方式治理国家。在乌托邦中，人民具有选举权和被选举权，国家的权力机关和公务人员都由选举产生。除去最高执政官是终身职务外，所有其他公职人员每年选举一次。

三、文艺复兴与管理思想的发展

14 世纪至 17 世纪初，由于西欧资本主义的产生，封建制度开始解体，新兴资产阶级依靠人民群众的力量，向封建势力发起勇猛的冲击。这种斗争在文化上的表现，便是文艺复兴运动。文艺复兴原义是“希腊、罗马古典文化的再生”，其本质是创造新的近代文化。文艺复兴首先发端于意大利。14 世纪至 15 世纪，资本主义生产关系先后产生于意大利的佛罗伦萨、威尼斯、米兰等城市。在这些城市里，已经出现了资本主义的手工工场和银行业，而在农村中，也最早发生了农奴关系的解体。城市新兴资产阶级有自己的世界观和人生观，它们与封建教会的精神信条、禁欲主义等是格格不入的。它们要求摆脱封建制度的束缚，创立为自己政治服务的新文化、新思想体系，需要利用科学技术增加自己的财富，需要利用文学艺术增添乐趣、丰富精神生活，需要具有各种专长的人才来为自己的业务活动服务。这样一些客观需要，促使一种不同于封建文化的新文化产生并发展起来。

“人文主义”是文艺复兴时期的核心思想。相信“人”是世界的主人和社会财富的创造者；相信“人”的智慧和力量；“人”是衡量一切的尺度，要求一切以“人”为本，发展“人”的事业。在政治上主张“共和”制，保障公民参政、议政的权利，保障公民在法律面前的平等，反对君主制度。艺术创作颂扬人的意志、感情与追求，出现了达·芬奇、米开朗基罗、拉斐尔等艺术大师。

自然科学从神学中解放出来，医学、生理学、数学、物理学、印刷术等领域也取得了进展。

文艺复兴冲破封建制度、封建思想和封建教会的束缚，弘扬人文主义精神，使人类的思想和社会生产力获得了空前的解放，人文科学、自然科学得到蓬勃发展，为管理思想的发展开辟了新的境界。

管理思想主要体现在三个方面：一是确立了以人为本的管理思想；二是提升了科技在经济社会中的地位；三是开辟了管理思想发展的新境界，拓展了贸易、航运、海外旅行、银行业、信贷业等新的管理领域，从而使管理的内容、范围、方式、途径均发生了极大变化，国际贸易、跨国经营、股份公司成为管理的新领域、新模式，为管理思想的发展提供了更为广阔的空间。

四、国外早期管理思想对我们的启示

国外早期管理思想对我们有以下几个方面的启示。

第一，随着人类社会从低级向高级的发展，人类的管理工作和管理思想也随之发展起来。国外早期的贸易，促进了城市的兴起与发展，市民的政治、经济、教育诉求推动了民主政治和大学的建立，从而提高了人的素质与科技水平，对管理提出了新课题、新要求，有力地推动了管理思想的新发展、新跨越。

第二，思想解放是生产力解放的重要力量。文艺复兴不仅冲破了中世纪对人们思想的禁锢，人的智慧和科学技术得到了解放，为生产力发展带来了巨大动力。

第三，管理者的品质始终是搞好管理的首要因素。正如古埃及的著名思想家普塔·霍特普教诲他的儿子所说的："如果你是一个指挥大批人工作的领导者，你要努力把自己的工作做得尽可能好，直到没有什么错误。真理是伟大的，而其作用是持久的……做坏事是不能使事业获得成功的。"中世纪的阿拉伯神学哲学家格札里指出：君主始终必须保有四种品质，即公正、智慧、耐心和谦虚。马基雅维利要求君主要"以自己的博爱和仁慈为他们树立榜样"等。可见，没有好的品质，就不可能成为好的管理者。

第四，法律始终是国家管理的重要工具。苏美尔人建立了最早的法律体系，古巴比伦人用《汉谟拉比法典》管理社会生活的方方面面，希伯来人同样注重依法管理，古罗马的立法和司法为后来的立宪政府的制约和平衡体制树立了一个典范。可见，依法治国始终是国家治理的基本方略。

第五，财务管理是经济管理的有力支撑。苏美尔人为了加强财务管理，在泥板上用文字记载账目；威尼斯兵工厂在生产部件和装配中实行会计控制，在原材料消耗等方面实行成本控制。财务管理始终与经济管理同步发展，并成为经济管理的有力支撑和重要保证。因此，在任何时候，我们都要高度重视财务管理，努力提高财务管理水平。

第二章

中国古代管理思想

Management Thoughts: Development and Reference

中国是历史悠久的文明古国，在几千年的历史发展中，中华民族创造了悠久灿烂的中华文明，为人类做出了卓越贡献，成为世界上伟大的民族。中国历代都有着至今看来仍不失其价值的管理实践，长期的卓有成效的管理实践蕴含着丰富而睿智的管理思想。在人类管理思想的发展历程中，中国的管理思想长期居于重要地位。特别是中国古代管理思想，堪称引领世界管理进步、思想发展的主要流派，有些思想至今依然为人们所运用。

一、中国古代典型的管理实践

管理思想来源于管理实践。衡量中国古代管理思想的标准，要立足于当时的生产力水平、社会制度和文化发展状况。可以自豪地说，中国在2000多年的封建社会中，中央集权的国家管理制度，财政赋税的管理、官吏的选拔与管理、人口田亩管理、市场与工商业管理、漕运驿递管理、文书与档案管理等方面，历朝历代都有创新发展，涌现出许许多多杰出的管理人才，在军事、政治、财政、文化教育与外交等领域，显示了卓越的管理才能，积累了宝贵的管理经验。

（一）商鞅变法

商鞅变法是商鞅（约公元前390—公元前338，战国时期杰出的政治家）在秦国进行的一场政治经济改革，堪称战国时期提高国家管理水平、发展壮大国家力量的一个范例，从而为秦统一六国创造了条件。其主要措施如下。

一是在法律上确认井田制的崩溃和土地私有的合法化，促进了封建地主土地所有权的形成；取消奴隶主贵族的经济特权，解放了生产力。这是秦国封建化进程中的决定性步骤。

二是按照军功授爵，培植了一批新兴地主阶级；取消旧贵族世袭的政治特权。

三是废除分封制，建立郡县制，实行中央集权。

四是重农抑商，奖励耕织；禁止弃农从商，鼓励开荒，任其所耕，不限多少，以增加封建国家收入，促进小农经济的发展；对从事工商或闲懒贫困之人收入官府为奴。

五是统一秦国度量衡，统一赋税，方便了市场交易和税收管理，促进了经济发展。

商鞅变法加强了中央管理，是秦国由奴隶制向封建制转化过程中的一场阶级大搏斗，巩固了地主阶级的统治地位，使秦国废除奴隶制，封建经济得到了发展，军队的战斗力不断加强，并逐渐成为七国中实力最强的国家，为秦统一六国创造了条件。商鞅变法体现了管理创新、强化激励措施等重要思想。

（二）都江堰大型水利工程

都江堰是战国时期秦国蜀郡太守李冰率众修建的，以其无坝引水、工程久远、灌溉辽阔为特征，是世界闻名的古老而宏伟的灌溉工程。这项工程将防洪、排灌、航运综合规划，整个工程由鱼嘴分水堤、飞沙堰溢洪道和宝瓶口进水口三个主要工程组成，科学地解决了江水自动分流（鱼嘴分水堤四六分水）、自动排沙（鱼嘴分水堤二八分沙）、控制进水流量等问题，彻底改变了成都平原农业生产面貌，把原来发生水旱灾害频繁的地区变成了“沃野千里”的富饶粮仓，直到今天仍在发挥作用，灌溉区域达到40余县。它显示了我国古代工程建设与组织管理的高超水平，堪称世界水利文化的鼻祖。

（三）秦始皇统一中国

秦始皇统一中国后延续了秦国商鞅变法时的做法，又根据新情况，采取一系列措施，展示出高超的政治韬略、军事战略、文化智慧。

政治方面。创立一套封建专制主义的中央集权制度，在中央设丞相、太尉、御史大夫。丞相有左右二员，为百官之首，掌管政事；太尉掌军事；御史大夫监察百官；地方上废除分封制，代以郡县制，强化中央权力。

经济方面。统一货币，统一度量衡，统一车辙宽度，促进了商品流通、经济发展，同时便于军队快速调动。

思想文化方面。秦始皇下令统一和简化文字，是对中国古代文字发展、演变的一次总结，也是一次大的文字改革，他对中国文化的发展起了重要作用；重视思想统一，加强思想控制。

军事方面。阻击匈奴，修筑万里长城。万里长城的修建，促进了测量、规划设计、建筑和工程管理等的发展，体现了工程指挥者所具有的高度管理智慧。

（四）丁谓修复皇宫

宋真宗时期，丁谓主持的“一举三得”皇宫修建工程堪称运用系统管理、统筹规划的范例。因皇城失火，皇宫被焚，宋真宗命丁谓重修皇宫。这是一项复杂的工程，不仅要设计施工，运送材料，还要清理废墟，任务十分艰巨。丁谓首先在皇宫前开沟渠，然后利用开沟取出的土烧砖，再把京城附近的汴水引入沟中，使运送建筑材料的船只直达工地。工程完工后，又将废弃物填入沟中，复原大街。概括地说，丁谓修复皇宫的智慧之处就是三个创新举措：开渠运料，取土烧砖，废弃物填渠。巧妙地解决了三个难题：取土烧砖、材料运输、清理废墟。这些举措既节约了资源，又提高了工程效率，使工程如期完成。其核心思想就是系统管理。

还有许多令人赞叹的管理实践都体现了中国古人高超的管理智慧。

综观中国古代管理实践可以看出，管理与行政基本融为一体。由于古代中国是典型的农业大国，行政管理是社会管理最主要的模式。因此，任何一项大型工程，任何一项有影响的管理活动，无不以国家或官府的名义展开，管理实践也只有在和行政融合过程中才有表现的机会。实际上，我们所了解的中国古代管理实践，无一例外不是行政中的管理实践。当然，中国古代的管理实践属于经验管理。古代管理实践的成功与否主要取决于管理者或决策者的智慧。管理者的个人知识、能力和经验越丰富，越有可能进行卓有成效的管理活动；否则，管理就可能缺乏成效，甚至失败。因此，管理实践是和个人经验分不开的，是一种典型的经验管理。

二、中国古代名家管理思想

中国古代出现了许许多多的思想家，有着极为丰富的管理思想。其中，老子、孔子、商鞅、孟子、孙子、管子的管理思想最具有代表性。

（一）老子的管理思想

老子（约公元前580—公元前500），姓李，名耳，字聃，是先秦道家学说的创始人。在其思想体系中，不仅有着深邃的哲学思想，而且也包含着关于政治、经济、文化、军事等诸多方面的社会及国家管理思想。

1.“道法自然”的政治管理思想

老子关于“道”的理念是一个“大自然法则支配一切”的概念。老子所讲的“道”，不仅仅限于人类社会的范围，既包括“人道”也包括“天道”“地道”，最后天道、地道、人道都要服从于自然，这就是有名的“道法自然”的思想。2500多年前，老子就感觉到有一种支配天、地、人间运行的客观存在的物质力量，“独立而不改，周行而不殆，可以为天地母”，他把这种力量称之为“道”。老子的“道法自然”思想接近于发现自然界存在着不受任何神力主宰的客观规律，这是对原始朴素的唯物论的重大贡献，对国家管理具有重大意义。

2. 有欲、有私的人性理念

管理思想同对人性的认识有着密切关系。老子虽未直接谈论人性善恶问题，但是从其言论中可以分析出他对人性的认识和要求。老子说：“五色令人目盲，五音令人耳聋，五味令人口爽，驰骋畋猎令人心发狂。”老子认为人的本性是有欲、有私，贪财货的，特别受不得外界物质如五色、五音、五味、畋猎以及难得之货的刺激，人类社会的一切矛盾和争斗都源于此；在人类社会里应该重新恢复大道的运行，废除仁义、孝慈、礼法等人为的干扰，净化人类的本性，达到“见素抱朴、少私寡欲”的境界，尤其是国家管理者（圣人）要具有这样的人性，才能实现理想的、长治久安的社会秩序。老子管理思想上的误区恐怕就在于没有区别自然秩序和社会秩序、自然规律和社会规律各自不同的性质，要求人类社会完全遵循自然界的规律则是难以实现的空想，但把少私寡欲、见素抱朴作为对国家管理者的基本品质要求，却是应该肯定的。

3.“无为而治”的管理理念

老子认为，有和无、生和死、善和恶等相互对立的事物都存在着相互转化的必然性，最高层的管理者不应该为了张扬美名而去搞管理，这样美名反而会转化为丑名；不应该张扬善行而去搞管理，这样善行就会演变为恶行。所以，圣人治理国家就应采取“无为”的理念，争取达到“无不为”的效果。老子说的是“圣人之治……为无为，则无不治”，“圣人之道，为而不争”。所以，老子讲的还是“为”。“无为”和“有为”都是“为”的表现形式，老子在方法论上主张“无为”，是因为他认为“无为”要比“有为”更高明一些，效果更好一些。老子似乎已经意识到要把有形的干预更多地变成无形的手。

（二）孔子的管理思想

孔子（约公元前551—公元前479），名丘，字仲尼，春秋末期鲁国陬邑（今山东曲阜东南）人，中国古代杰出的思想家、教育家，儒家学派的创始人。以仁为核心、以礼为准则、以和为目标的思想是孔子管理思想的精髓。

1.“为政以德”的治国思想

春秋时期，孔子提出以礼与仁为核心的儒家学说。在治国的方略上，他主张“为政以德”，即用道德和礼教来治理国家，实行“礼治”或“德治”，把德、礼施之于民，是治国的理想方案。在具体方法上，他提出要重教化，“富而后教”，轻刑罚，在教与刑上宽严相济，并反对对民众的过度榨取，要把人当作人，给以起码的生活条件。他还提出正名的学说，要求巩固等级名分和社会秩序，树立君主权威。

2. 举贤才的用人之道

孔子十分重视人才在管理国家中的作用。他说：“其人存，则其政举；其人亡，则其政息。”“故为政在人。”（《礼记·中庸》）贤人在位，政绩显著，国家管理得好；一旦贤人不在了，良好政绩就消失了。因此，要管理好国家，关键在于人才。孔子的弟子仲弓向他请教怎样管理政事时，孔子回答说：“举贤才。”（《论语·子路》）对贤才的标准：一是要“学而优”，学识出众；二是善于通达权变，在内政外交方面能独立行事；三是不求全责备。

3.“和”与“中庸”的管理哲学

孔子继承了前人关于“和同之辨”的正确观点，明确提出“君子和而不同，小人同而不和”，表明他取“和”去“同”的坚定理念。他批判一言堂是“一言丧邦”，并对在下者对上曲意逢迎、随声附和甚至同流合污的行径，斥之为“巧言令色”，都是“同而不和”，是违反治国的管理目标的。他提出“和为贵”，主张“君子群而不党”“四海之内皆兄弟”。在“和”的方法论上，便是“中庸之道”。孔子把中正适度作为认识事物合理性的普遍的方法论准则。把“和”的理念与实现“和”的方法论结合起来，形成“中庸”的理论概念，成为他的管理思想的哲学基础。“中庸”就是达到“和”的方法，通俗地说，这个方法就是正确掌握事物发展的“度”。孔子说：“过犹不及。”（《论语·先进》）过头与不足同样不好，只有“中行”，即合乎“中庸”之道，才是人格的理想。

4. 以信为本的生存法则

信是孔子伦理思想中的一个重要范畴，是组成他的仁学伦理的基本内容之一。他在《论语·阳货》中指出，如能把恭、宽、信、敏、惠这五种品德推行于天下，便是仁了。他把信作为“四教”（文、行、忠、信）的内容之一，从管理国家政事的角度说，“民信”比“足兵”“足食”更重要。因为自古以来，人都有一死，但没有了民众的信任，国家就难以存在了。在孔子的思想中信与义是紧密相连的。孔子说：“言必信，行必果，硁硁然小人哉。”（《论语·子路》）如果不分是非曲直，对所讲的话一概守信，对所办的事一定坚持到底，那样的人不过是固执而不明事理的小人罢了。讲信用要符合义，用义规范信，是孔子塑造“信”的人格形象的一个重要原则，也是孔子管理思想中的重要内涵。

（三）商鞅的管理思想

商鞅（约公元前390—公元前338）是卫国国君的后裔，本名公孙鞅，又称卫鞅，后因封地商，故而世称商鞅。在主持变法的过程中，他制定的一些具体政策措施全面贯彻了“治世不一道，便国不法古”这一总的管理思想。

1.“教民耕战”的基本国策

“教民耕战”是商鞅变法时为秦国制定的一项基本国策。商鞅说：“国之所以兴者，农战也。”“国待农战而安，主待农战而尊。”（《商君书·农战》）“竟（境）内之民莫不先务耕战，而后得其所乐。故地少粟多，民少兵强。能行此二者于竟（境）内，则霸王之道毕矣。”（《商君书·慎法》）商鞅根据当时七雄并立和相互兼并、争霸的严峻形势，在制定政策上农、战二者是并列的。实际上，重视农业生产是为了适应对外战争的需要。对这一点，他曾多次做过说明：“治国能抟民力而壹民务者，强；能事本而禁末者，富。”农民由于朴实可信，安土重迁，故而最便于听从朝廷的驱使，平日在家务农，战时应征入伍。他们既是粮秣、战马和运输工具等各种军需物资的可靠供应者，又是兵力持续补充的重要来源，从而以农养战，平战结合，“富强之功可坐而致也”（《商君书·算地》）。

2. 依法治国的治国方略

商鞅对于如何管理国家这个问题，坚持不法古、不循礼，反对以“仁义”说教的儒家思想。他说：“仁义之不足以治天下也。”“圣王者，不贵义而贵法，法必明，令必行。”（《商君书·攸权》）唯有“以刑治，民则乐用；以赏战，民则轻死”（《商君书·弱民》）。这样，才能达到“以刑去刑”“以战去战”（《商君书·画策》）。因此，非以“法治”无以治国平天下。在实施变法革新过程中他设置了很多严刑峻法，实行“刑无等级”，无论对任何人，即使是“有功于前”，只要“有不从王令、犯国禁、乱上制者”便“罪死不赦”（《商君书·刑赏》），从而建立了一套强有力的封建法制。

3. 论功封爵的吏治准则

废除世卿世禄旧制，除了从事农战以外不得授予官爵。“凡人主之所以劝民者，官爵也。”“善为国者，其教民也，皆作壹而得官爵。是故不官不爵。”（《商君书·农战》）商鞅明令奖励耕织，奖励军功，规定“粟爵粟任”“武爵武任”（《商君书·去强》），即允许人们纳粟换爵，按军功大小授予二十级的不同爵位。此项改革是与当时普遍推行的郡县制结合在一起进行的，旨在加强中央集权。

4. 综合治理的管理手段

为了强化国家统治，商鞅善于运用行政、法律、税收、价格等多种管理手段。为了控制商业人口，运用行政、法律手段做出了一些相应规定：根据商人家庭的人口，摊派徭役，他们的一切大小奴仆均须在官府中注册登记，由官府轮番安排，承担徭役；通过管制粮食贸易，不让商人买卖粮食，他们无利可图，就会想着要弃商务农。为了促使农民安心从事农业生产，他还运用税收、价格等经济手段进行调控管理。诸如：根据单位面积的实际粮食产量，按亩纳税，国家对任何人一视同仁，以示负担公平；通过提高粮食价格，鼓励务农；统一度量衡制，为国家赋税征收提供基础。

（四）孟子的管理思想

孟子（约公元前 372—公元前 289），名轲，字子舆，战国时期邹国（今山东邹城）人。孟子曾受业于孔子之孙子思，是孔子思想的嫡派传人，也是继孔子之后儒家学派最重要的代表，被后世尊为“亚圣”，在管理思想方面做出了杰出贡献，堪称中华民族的思想文化巨人。管理思想是孟子思想体系的一个重要组成部分，它同孟子的哲学思想、政治思想、经济思想乃至教育思想有着密切的联系。

1. 性善论的人性观

管理科学离不开人性问题，对人及人性的认识和理解是管理的出发点和前提。孟子认为人性是善良的。孟子所说的人性并不是指人生来就有的一切本能，而是指人与其他动物不同的、使人成其为人的那些特性。他说："恻隐之心，人皆有之；羞恶之心，人皆有之；恭敬之心，人皆有之；是非之心，人皆有之。恻隐之心，仁也；羞恶之心，义也；恭敬之心，礼也；是非之心，智也。仁义礼智，非由外铄我也，我固有之也。"（《孟子·告子上》）他坚信人心是向善的，人的本质和行为是健康合理的。这正是孟子全部管理思想的出发点和前提。

2. 施"仁政"的管理准则

孟子的"仁政"思想来源于孔子的"仁"。"仁"是处理人与人的关系时所坚持的一种准则和态度，就是尊重对方，把对方当人看，核心是"爱人"，所谓"仁者爱人""己所不欲，勿施于人"。在孔子那里"仁"主要还是指个人修身养性所应追求的一种品质，孟子则把孔子所讲的"仁"推广到政治领域，把"仁"同政治结合起来，提出了"仁政"这一新概念，把它发展为安邦治国的管理准则。孟子的"仁政"思想是一种早期的人本管理思想，是他整个管理思想的核心。

3. 义利统一的经营道德观

孟子将孔子个人道德修养的义利观扩大为一个国家或社会如何正确处理义利关系这样一个更具普遍性的问题。当梁惠王向他请教"何以利吾国"时，孟子提出了"王亦曰仁义而已矣，何必曰利？"（《孟子·梁惠王上》）的名言。他还说，如果一个国家、一个社会上上下下都置仁义于不顾，在与他人的交往中尽做损人利己之事，这个社会和国家肯定要灭亡。"君臣、父子、兄弟终去仁义，怀利以相接，然而不亡者，未之有也。"（《孟子·告子下》）孟子不是将义和利对立起来，抬高仁义而贬低、抹杀利，否定对物质利益的追求。孟子并不反对人们的求利活动，他所反对的仅仅是不顾仁义的求利行为，主张将义与利统一起来，至多也只是讲先义后利。他认为，义利统一是人们修身治国平天下所应遵循的重要原则，也是孟子为他的管理思想所确定的价值观。

4. 修身是管理者从政的前提

孟子说："天下之本在国，国之本在家，家之本在身。"（《孟子·离娄上》）他认为，搞好天下、国家的事情，其基础在搞好统治者个人的修养。又说："君子之守，修其身而天下平。"（《孟子·尽心下》）这是说君子应坚持这样的原则，先加强自身的修养，然后平治天下。他还有以下一段名言："故天将降大任于是人也，必先苦其心志，劳其筋骨，饿其体肤，空乏其身，行拂乱其所为，所以动心忍性，增益其所不能。"（《孟子·告子下》）这是说一个人要成就一番事业必须经受苦难的考验和生活的磨炼，培养起坚强的毅力和刚毅的性格。强调管理者的人格高下和品行优劣将影响甚至决定管理工作的成败，管理者先管理好自己，是孟子管理思想的突出特点。

5. "以德服人"的管理理念

孟子说："以力服人者，非心服也，力不赡也；以德服人者，中心悦而诚服也，如七十子之服孔子也。"（《孟子·公孙丑上》）他主张对被管理者要以德服人，反对以力服人；主张说服教育，反对压制惩罚。管理者对被管理者是以权压人，单纯靠规章制度惩罚人，还是靠说服教育、道德感化，使被管理者做到口服心服，这是两种不同的管理方式。主张"以德服人"实际上就是古代的情感管理方式，是孟子管理思想的重要特点。

6. 讲求权变的管理艺术

孟子在处理现实生活中的棘手问题时善于运用权变的艺术，不拘泥于既定的清规戒律。他认为权变是人生一种很重要的智慧，他说："执中无权，犹执一也。所恶执一者，为其贼道也，举一而废百也。"（《孟子·尽心上》）意思是说，主张中道如果缺乏灵活性，就会陷于死板僵化。人们之所以憎恶死板僵化的行为，是因为它违背了事物发展的规律性，偏执一点而看不到丰富多彩的变化。孟子的权变思想使其管理思想更加富有魅力。

（五）孙子的管理思想

孙子（约公元前545—公元前470），名武，字长卿，春秋末齐国人，是中外历史上著名的军事家，其军事思想和管理思想主要体现在他的传世之作《孙子兵法》中。国外的许多大学师生和企业家都把《孙子兵法》作为管理著作来研读。

1.“不战而屈人之兵”的最高境界

“不战而屈人之兵”即不用流血牺牲而使敌人屈服。这包括采取心理战、政治斗争、外交斗争等手段，但归根结底是以谋略、以智慧去战胜敌人。“上兵伐谋”，即一流的将帅是胜人以谋略，而不是单靠攻城略地的武力，强调斗智胜于斗力。强调“必以全争于天下”，力求以最小的损失获取最大的战果。

2. 预测与决策关系全局

强调“庙算”作为军事决策的重要性，以及战争与政治、经济、外交、天文、地理等各种因素的关系，指出将帅指挥战争要审时度势，因时因地制宜，绝不可凭主观意愿行事。必须实事求是，摸清一切情况，以敌我双方的实际情况来部署和指挥每一场战役，“知彼知己，胜乃不殆”“知天知地，胜乃不穷”。

3. 灵活机动的战略战术

实际情况总处于动态变化之中，因此不能墨守成规陷入经验主义。“兵无常势，水无常形，能因敌变化而取胜者，谓之神。”“运用之妙，存乎一心。”要根据不同的敌情、我情、天时地利等各种条件，灵活用兵。只要有这“一心”，运用各种不同战略战术的方案就会“无穷如天地，不竭如江河”“出其不意，攻其不备”“避实就虚”，速战速决。巧妙地运用奇和正、虚和实，欺骗敌人，调动敌人。准确选择主攻方向和主攻目标，以压倒敌人的优势力量以及迅雷不及掩耳之势去展开进攻，打击敌人，赢得胜利。

4. 人的因素决定胜负

在决定战争胜负的各种因素中，孙子突出强调人的因素的重要性。“上下同欲者胜”，有了共同目标，官兵团结一致、同心协力就能取得胜利。他重视军队建设，对将帅提出了严格要求，认为必须以“智、信、仁、勇、严”作为衡量将帅的标准。了解士兵的将帅能起到关键作用：“故知兵之将，生民之司命，国家安危之主也。”将帅在治理军队、领导部属时要赏罚分明，军法如山，恩威并重，“视卒为爱子”，才能训练出一支战斗力强的军队。

5. 唯民是保的战争基点

孙子说：“故进不求名，退不避罪，唯民是保，而利合于主，国之宝也。”既要保民，又要利主，把对民众负责与对君主负责统一起来。这是战争决策的基点，充分体现了重民思想。

（六）管子的管理思想

管子是管仲的尊称，名夷吾，字敬仲，颍上（今属安徽省）人，生年不详，卒于公元前645年，我国春秋时期一位杰出的政治家、军事家和思想家。曾辅佐齐桓公40年，政绩卓著，富国强兵，帮助齐桓公实现了称霸诸侯的理想。

1. “天地为心”的心术论

管子提出，“心之在体，君之位也”，心之术即君之术。人君应以天地为楷模，“以天地为心”，无私无欲。天道产生权，权产生法，以法治国；地德产生义，义产生礼，以德治人。他提出，“人君”应坚持“无为”，而群臣还是应该各司其职，还是应该“有为”。这是“心”与“九窍”的关系。人君“无为”意味着天道，群臣“有为”意味着地德，地德是天道的体现，没有群臣的“有为”，也不可能有人君的“无为”。管子的心术论还衍生了宽猛相济、刚柔并举等有效的管理原则。

2.“自利”的人性观

在人性论上，管子的主张是人性“自利”，认为“自利”是人所共有的情结。“民，利之则来，害之则去。民之从利也，如水之走下，于四方无择也。”然而，管子并未走向极端，他认为“自利”与“利人”不仅可以调和，甚至“自利”本身就是一种内在的善。既有“自利”之德，又有“利人”之德，唯其如此，事君才不至于有二心。管仲认为，不惜“蒸首子”“自刑”“不归视其亲”，有违人性“自利”之常理者不可信，此举背后必有其政治目的。

3. 民富与国富相同一论

强调国富丝毫不否定民富的重要性。正是因为有了民富，才有国富的可能，民富是必要的条件。从经济方面来看，民富可以多收税，税收增加了，国家就会富裕。国家要兴盛，一定要国富。国富兵强，诸侯就服从他的政令，“藏富于民”并不是说以牺牲“国富”为条件。从政治方面来看，民富就会安乡重家，安乡重家必尊上畏刑，尊上畏刑国家就容易治理。反之，民贫就会离乡轻家，离乡轻家就敢于犯上、敢于违法，犯上违法国家就难以治理。

4.“以人为本”的管理思想

管仲与齐桓公的对话：“君若将欲霸王举大事乎？则必从其本事矣。”“齐国百姓，公之本也。”《管子》认为，务本之道在于经营民心，争取百姓。达人民之所愿，予百姓之所需。尽量做到“民恶忧劳，我佚乐之；民恶贫贱，我富贵之；民恶危坠，我存安之；民恶灭绝，我生育之”。（《管子 · 牧民》）也就是“从其四欲”“去其四恶”。管仲要求齐桓公竭诚听取民众的意见。人们的指责与批评总是事出有因，应从自身去找原因和不足，民众不会有错误的评说。做好事，人们马上就会赞誉；有过错，人们马上就会指责，要充分认识民众评价的制裁作用。

5.“与时变”的创新精神

管子非常强调管理者的创新精神，“不慕古，不留今，与时变，与俗化”是对其创新思想的高度概括。“不慕古”反对的是因循守旧、抱残守缺；“不留今”是提示人们不要受现实所惑，陶醉于今日的成就中；“与时变”倡导的是因时而变，顺应潮流；“与俗化”即随着习俗一起发展。所谓“俗”，是指民间自然形成的事物，而非因循守旧制度之规定，这其实就是一种制度创新。

6. 诚信者获益的管理思想

管子把诚信之德与物质利益挂起钩来，认为诚信之人必得利益；只有让诚信之人富足，人们才会去履行诚信之德。管子认为，“天下宾服，有海内，以富诚信仁义之士，故民高辞让，无为奇怪者”。(《管子 · 揆度》)当天下宾服、海内统一时，就让诚信仁义之士更富足，以使民众崇尚谦让，不做荒诞怪异的事。在这里，管仲主张推行的是让诚信之人获得利益的政策或营造诚信致富的环境。

7. 德能兼备的标准

管子认为，国君选贤任能，要举拔有德者给予爵位，举拔有才者就任为官。把德行置于功劳之上，不因年龄而埋没人才。选贤的标准是德才兼备、德能并举，“德”与“能”不可偏废。选贤还应做到“不以年伤”，即选用人才不应受年龄的限制。管子强调考核官员的内容主要有三个方面：一是德望与其地位是否相称，二是功绩与其俸禄是否相称，三是能力与其官职是否相称。管子特别强调管理者“立身化民”的道德示范作用。他认为：“主身者，正德之本也；官治者，耳目之制也。身立而民化，德正而官治。治官化民，其要在上。”(《管子 · 君臣》)

三、中国古代管理思想的基本特征

中国古代管理思想的基本特征是通过对中国古代思想家的管理思想进行归纳、提炼、综合获得的结果。尽管今天的概括难免有局限性，但是我们还是可以借助已有资料发现其带有共性的、突出的特征。

第一，把人作为管理的重心。“以人为本”的思想在中国古代管理思想中始终占主导地位，把人作为管理的重心，管理者必须以人为本，“爱人贵民”，认为管理的成败在于用人。

第二，把组织与分工作为管理的基础。强调组织与分工是管理的基础，建立层次分明的组织体系，家庭是最基本的组织形式，儒家和法家的富国富民之学都是把一家一户作为一个单位，以男耕女织的个体农业作为社会生产的基本形式，“齐家”是管理的主要方面。

第三，强调了农本商末的固国思想。重农限商的思想一直在中国古代管理思想中居于主导地位，倡导以农富国。《管子》认为，农业是富国富民的本事、本业。韩非提出“富国以农”，“仓廪之所以实者，耕农之本务也”。荀子主张“轻田野之税，平关市之征，省商贾之数，罕兴力役，无夺农时，如是则国富矣”。商鞅主张以农固国，认为“国不农，则与诸侯争权不能自持也，则众力不足也”。只有通过政治、经济、法律等手段把农民稳定在土地上，国家才能安稳。

第四，突出了义与情在管理中的价值。中国古代管理思想充满浓重的情义，是讲情讲义的管理思想，倡导“见利思义”“义然后取”“义，利也”“兼相爱，交相利”“晓之以理，动之以情”“以德服人”等 。

第五，赞赏用计谋实现管理目标。重视谋划，主张以谋取胜为上策，适应环境变化，善于权变，不拘泥于既定的清规戒律。

第六，把“中庸”作为管理行为的基准。“中庸”思想在中国古代管理思想中始终占重要地位，并把“中庸”作为道德标准、决策准则、行事理念。例如，故宫中和殿就悬挂着乾隆题写的允执厥中匾，出自《尚书·大禹谟》的“人心惟危，道心惟微，惟精惟一，允执厥中”，《论语》里说的是“允执其中”。“允”即“允当适可”的意思，“执”是“把握”之意，“中”就是不偏不倚的“中道”。“人心惟危，道心惟微，惟精惟一，允执厥中”意思是人心是危险难测的，道心是幽微难明的，唯有专心致意，精诚恳切地秉行中正之道，不偏不倚，方能有所建树、治理好国家。

第七，把“求同”视为管理的重要价值。重“求同”是中国古代管理思想的重要特征。中国地大物博、自给自足的地理及经济生活特点使得中国的管理活动获得了一个天然的“隔离机制”，管理体制和思维方式一直保持着自己的特色，没有发生过大的文化“断层”、交融与更替现象，并一直稳定地延续下来，使中国的传统管理思想中凸显出求同性。孔子毕生致力于“克己复礼”；董仲舒甚至把封建统治制度——“道”与“天”联系起来，提出“道之大原于天，天不变，道亦不变”。国家的统一始终成为当政者的追求，这种思想扩展到社会生活的各个方面。

四、中国古代管理思想对我们的启示

研究中国古代丰富的管理实践和古代名家管理思想，我们可以自豪地说，中国古代管理思想博大精深，是一个丰富无尽、取之不竭的宝藏。中国古代管理思想，不仅成为滋养中华民族蓬勃发展的智慧之源，而且也被世界各国有识之士所开发和利用。我们更有责任去学习、研究、发掘、利用这些宝贵财富，从中汲取智慧和力量，并为其传承和发展做出贡献。

第一，坚定文化自信。学习中国的古代管理思想，让我们看到中华文化的博大精深，中华先祖的聪明智慧，中华民族对人类进步做出的巨大贡献。在鸦片战争之前，中国在经济、文化、科技、教育等诸多方面均处于领先水平，老子的哲学思想、孔子的教育思想、管子的经济管理思想、孙子的军事思想、商鞅的治国方略，都是人类思想宝库的璀璨明珠，至今仍然闪烁着智慧的光芒。今天，作为炎黄子孙，我们要了解祖先的睿智，增强民族自豪感和文化自信心，跟进新时代、树立新理念、迎接新挑战，奋发有为、开拓进取，大力推进管理创新，无愧时代，不负韶华，努力使自己成为能够担当民族复兴大任的时代新人。

第二，坚持以人为本。管理的核心是人的管理。正如管子对齐桓公所说："齐国百姓，公之本也。"孔子说："其人存，则其政举；其人亡，则其政息。""故为政在人。"孟子提出"仁者爱人""己所不欲，勿施于人"。以人为本思想在中国古代管理思想中占有突出地位，这些思想远远早于西方人本主义思想。在当今我国经济社会发展进入新时代的历史阶段，无论科技发展水平多么高，人的因素始终是第一位的，以人为本思想仍然需要坚持。社会主义中国已经成为世界第二大经济体，社会主要矛盾已经转化为人民日益增长的美好生活需要和不平衡不充分的发展之间的矛盾，正在大步走向世界舞台中央，要求我们在各个方面、各条战线，继续坚持以人民为中心的根本立场，汲取人民智慧，汇聚人民力量，组织动员广大人民群众向着美好的未来共同奋斗。

第三，突出以德为先。以德修身、以德治家、以德治国、以德服人，是中国古代先贤们的主导思想。孔子主张，管理者要"为政以德"；孟子说："君子之守，修其身而天下平。"主张管理者要以德服人。治平尚德行，治世用人首重于德。选人用人就是一种导向，直接关系到社会风气。李世民说："用得正人，为善者皆劝；误用恶人，不善者竞进。"因此，每个人都要注重自身的品德修养，管理者要突出以德为先、德才兼备的用人理念。

第四，增强系统思维。丁谓修复皇宫，能够系统考虑运料、烧砖、废弃物的处理问题；李冰主持都江堰工程，将防洪、灌溉、航运进行综合规划，整体思考分流（鱼嘴分水堤四六分水）、排沙（鱼嘴分水堤二八分沙）、控制进水流量等问题，充分体现了系统思维的管理理念，这一思想在今天仍值得我们在管理实践中加以运用。在今天的经济社会发展过程中，管理者需要考虑的因素更多、内外关联更复杂，因此更需要强化系统思维，统筹兼顾，协同创新，协调配合。新发展理念提出的绿色、协调、共享等理念中蕴含着系统思维的管理思想。

第五，坚守诚信立世。诚信在中国古代管理思想中占据重要地位。儒家倡导为人五常“仁义礼智信”，孙子提出为将五德“ 智信仁勇严”，信都在其中，可见中国古代先贤对诚信、守信非常看重，在德治、法治中包含着诚信的要求。一个人的诚信关系他的生存与发展，一个国家的诚信同样关系这个国家的生存和发展。然而，一个国家的诚信名声、国际评价指数，不仅取决于这个国家的每个公民，而且也必然影响到这个国家的每个公民。 在如今开放的世界，每个人特别是管理者，一定要坚持守信为本、诚信立世 ，言而有信，货真价实。这既是道德信条，也是法律约束。

第三章

工业革命及其管理思想

Management

Thoughts: Development and Reference

第一次工业革命是指从 18 世纪下半叶开始到 19 世纪中叶，伴随着科学技术的发展，在英、美等国先后爆发的资本主义的机器大工业代替工厂手工业的革命，它促进了当时生产力的大发展，引起了社会的巨大变革。工业革命促进生产组织方式变化的同时，催生了管理思想的发展。反观当时的中国，没有及时跟进工业革命的浪潮，中国近代的落后正是从这时开始的。研究工业革命及其管理思想的发展，有利于促进人们以史为鉴、知史明理，面对当今世界百年未有之大变局，增强责任感和使命感，推进管理创新和科技创新。

一、工业革命的兴起

欧洲文艺复兴使人的思想和科学技术冲破了中世纪神学的枷锁，获得了巨大的解放，导致资本主义精神的建立和资产阶级革命的爆发。在 17 世纪至 18 世纪 100 多年的时间里，英、法、美等国相继取得了资产阶级革命的胜利，建立了资产阶级政权，西方主要国家逐渐从封建社会过渡到资本主义社会。资本主义制度的确立，为当时生产力的快速发展开辟了道路。从 18 世纪下半叶开始，伴随着科学技术的发展，英、美等国先后爆发了工业革命。

（一）英国的工业革命

工业革命首先在英国发生，推动了英国资本主义的飞速发展。

1. 资本积累和劳动力准备

17 世纪至 18 世纪，英国完成了资本的原始积累。圈地运动获得大量土地，大量财富集中在少数人手中，这些财富使资本主义机器大生产成为可能。殖民掠夺和对外贸易是英国原始资本积累的重要来源。英国在资产阶级取得政权后，通过对葡萄牙、西班牙、荷兰、法国的商业战争，到 18 世纪最后 30 年，成为世界第一商业和殖民强国。18 世纪 80 年代，利物浦每年从奴隶贸易中获得的纯利润就达 30 万英镑之巨。失去土地的农民和贩卖的奴隶成为廉价劳动力的来源。

2. 拓展国内外市场

英国在经济发展的过程中，形成了比较发达的国内市场，各地区通过贸易互通有无，到了 17 世纪、18 世纪，随着国内工商业的发展和海外贸易的扩大，市场有了进一步的发展。

3. 大力拓展国内外交通

由于英国是一个岛国，海岸有许多很深的港口和避风港，便于航行，许多工商业城市就在沿海岸的港口上建立起来，各地的工业原料和产品可以经过海道运往别的地区。到了 18 世纪后半期，英国又进行了大规模的公路建筑和运河的开凿工作，国内布满了四通八达的公路网和贯穿全国各主要工业地区的运河。这极大地促进了英国工商业的发展，并最终引发了轰轰烈烈的工业革命。

4. 纺织机等生产机器的创新

纺织工业是工业革命的源头。1733 年，约翰 · 凯伊发明了飞梭，使织布效率提高了一倍，棉纱生产开始供不应求。1765 年，哈格里夫斯发明了“珍妮”纺纱机（珍妮是哈格里夫斯的夫人），可同时带动 8 枚纺锭，后经多次改进，纺锭增加到 16 枚、80 枚、130 枚。1769 年，阿克莱特发明了水力纺纱机，一台纺纱机能带动几十枚纺锭，纺出的纱线坚韧结实，他的工厂也由于这个发明而发展起来，到 1776 年，他已雇用了

5000 名工人。

5. 蒸汽机作为生产动力

尽管在机械方面取得了一定进步，但工业革命的核心实际上是蒸汽机。蒸汽机并不是新出现的事物，它已使用多年，不过仅仅是用来抽水。1765 年，在研究前人成果的基础上，詹姆斯 · 瓦特制成了他的第一台可以开动的蒸汽机。在两位实业家罗金斯和博尔顿的支持下，瓦特对蒸汽机不断地进行改进以及再发明，于 1782 年复动式蒸汽机试制成功，并于 1785 年成为纺织业的动力。蒸汽机很快被广泛应用于工业领域，如冶金工业、面粉厂、纱厂等。

6. 经济思想的创新

促使全世界走向工业化起过最大作用的两个人是亚当 · 斯密和詹姆斯 · 瓦特。亚当 · 斯密促进了经济管理思想上的革命，而瓦特促进了使用蒸汽动力的革命。随着蒸汽机应用范围的扩大，工业革命迅速扩展到各个行业、各个部门，特别是机器制造业的出现，改变了整个工业生产的面貌，使机械化生产遍及工业、交通运输业、采矿业等行业、部门，工厂纷纷建立起来。亚当 · 斯密的自由经济、劳动分工等经济思想为工业革命的发展提供了理论支持。

综上所述，英国工业革命的过程基本上包括三个方面：纺织机等机器是工具上的革命，蒸汽机是动力上的革命，工厂制度是生产组织方式的革命。正如恩格斯所说："分工、水利，特别是蒸汽机的利用，机器的应用，这就是从 18 世纪中叶起工业用来震撼旧世界基础的三个伟大的杠杆。"

从 19 世纪初到 19 世纪 70 年代，英国成为"世界工厂"，在世界工业、贸易、海运、金融等方面都处于垄断地位，因而也随之走上了对外大规模殖民侵略和经济扩张的道路。发生在中国的两次鸦片战争就是英国殖民侵略和经济扩张的典型事例。英国的垄断地位直到 19 世纪 70 年代以后随着美国工业的迅猛发展才逐渐丧失。

（二）美国的工业革命

美国的工业革命晚于英国半个世纪，它几乎是在一片空白的土地上开展起来的。工业化开始之前，美国90%以上的人口从事农业，生产英国及欧洲需要的粮食和其他农业原料。绝大部分工业处于手工业生产阶段，大多数制造品依赖从英国进口。美国工业革命兴起的主要因素有以下几个。

1. 以资本主义政治制度为前提

独立战争后，美国建立了资产阶级共和制度，为工业革命创造了必要的政治前提，工业化问题很快提上议事日程。

2. 思想认识的逐步到位

1791年，美国财政部部长汉密尔顿提出著名的《制造业报告》，他认为一个国家没有适当的工业基础，在经济上或政治上就不可能强大。肯塔基州议员亨利·克莱也认为，只有发展工业，才能为美国农产品和农业原料找到一个可靠的市场，从而使美国经济从依赖欧洲市场的不利境地中解放出来，他还把他的主张阐述为“美国制度”。

3. 优越的地理环境

就国际环境而言，美国远离动乱的欧洲，南北有弱国为邻，东西有两大洋保护，这种优越的地理位置，一方面使美国有可能长期保持和平安定的局面，较少遭受战争的破坏，有助于工业生产持续、稳定的发展；另一方面，美国有条件打着中立国的旗号，利用欧洲战争坐收渔翁之利。

4. 充足的资金来源

美国工业革命所需资金有以下几个来源：一是奴隶贸易，二是掠夺印第安人的土地，三是西部土地投机，四是联邦政府偿还国债的政策。

5. 广阔的国内市场

美国有一个潜在的广阔的国内市场，西部处女地不断地吸引着移民前往开垦，而西部的开发就意味着国内市场的扩大。

6. 自由劳动力与人才的涌入

美国是一个由移民组成的国家，外国移民源源不断地涌进美国，为美国工业革命提供了大量的自由劳动力。据统计，1790—1860 年，进入美国的移民达 500 万人。这些移民主要来自欧洲，其中不少人是熟练的手工业者，他们带来了欧洲先进的生产技术，有力地推动了美国工业的技术革新。美国第一架水力纺纱机就是英国人塞缪尔·斯莱特（1768—1835）制造的，他是英国阿克莱特机器厂经验丰富的建筑师和机械工程师，也是英国纺织业的一位先驱人物。

7. 良好的契机

1807 年的《禁运法案》和 1812—1814 年的英美战争，是美国工业革命开始的契机。在此期间，海外贸易受到限制，工业品必须靠自己制造，于是制造棉毛纺织品、铁器、五金器具及其他日用品的工厂如雨后春笋一样在全国各地建立起来。

8. 工厂制的兴起

1791 年斯莱特与阿尔米和布朗公司合作，建立了美国近代第一个具有先进机器的纺织厂。1827 年，斯莱特采用了以蒸汽为动力的织布机，将纺纱、织布和棉布完成等工序整合在一起，完成了棉布生产发货的全部活动。到 1835 年，斯莱特建立了大约 15 个分厂，开始雇用专门的管理人员，赋予他们经营工厂的权利和责任。到 1860 年，美国在毛纺织业、面粉业、食品业、制鞋业、服装加工等行业或部门中，普遍使用了机器，轻工业初步实现了机械化。

9. 大力发展机器制造业

美国在工业革命初期，蒸汽机、机车等主要机器全靠从英国进口。在引进英国的先进技术和设备时，美国不是简单地照搬和模仿，而是加以创造性地改进，迅速研制出比英国更为先进的机器，于是很快建立了自己的机器制造业，这成为美国工业革命的一大特点。

10. 以专利制度激励创新

美国政府还较早地实行了专利制度（1790 年，美国第一届国会就通过了《专利法案》），所以各项发明不断涌现，像轧棉机、缝纫机、收割机、电报机等发明都是出自美国人之手。

11. 发展铁路和通信

1830 年前后，铁路及蒸汽车头开始发展。到 1850 年，俄亥俄州已经铺设了 9000 英里（1 英里 =1.609 344 千米）的铁轨，铁路为美国的生活开辟了一个新的领域。在这个时期，莫尔斯发明了电报，带动了全国通信网的建设，实现了信息的远程传输，加快了运输系统的发展。这场运输和通信革命扫除了地方贸易障碍，开辟了迁移定居的新地区，扩大了市场，为旅行和商业提供了廉价、快速、全面、有效的手段。

极为有利的自然条件和经济社会条件，使美国的工业革命进展迅猛，到了 19 世纪 80 年代中期，美国的工业产值就超过了英国，成为世界上头号工业大国，经过两次世界大战，美国的地位得到充分的巩固，最终在经济、军事、金融等各个方面全面超越英国。

二、生产组织方式的进化

（一）工厂制度的建立

工业革命使生产的组织方式发生了变化，工场手工业被工厂制度所取代。

1771 年，阿克莱特建立了纺纱厂，到 1788 年，英国建立的阿克莱特式纺纱厂已达 143 座，许多工厂的工人达 700 ～ 800 人，阿克莱特被称为“工厂制度之父”。手工工场的工人渐渐变成大工厂的工人。在大工厂里，进行社会化大生产，实行高度的专业化分工，生产效率大为提高。大工业产生了资本家阶级和无产阶级，劳资关系成为资本主义的一种基本关系。

（二）工厂制度下的新问题

工厂制度下出现以下新问题。

一是劳资矛盾加剧。在早期工厂制度下，资本家解决了资本和设备后，就必须面对劳动力问题。必须对这些人进行教育和训练，并使他们遵守纪律，使其严格地按机器的效率运转。为了监督工人，资本家派来监工，监工通过罚款、解雇甚至鞭打来强迫工人服从，引起工人的极大愤怒。工人通过捣毁机器和罢工来进行反抗，虽然英国政府制定了严厉的法律来制止骚乱，但并没有取得好的效果，这给工业的发展和生产力造成了重大破坏。

二是管理人才缺乏。由于在短时间内迅速地从农业国变为工业国，工厂面临着管理人才极度缺乏的问题。一般管理人员大都来自工人队伍，他们没有共同的管理原则，更没有管理理论来指导实践，只能用简单强制的方法对待工人、实施管理，这就使劳资关系进一步恶化。

工业企业的管理问题、效率问题、控制问题等一系列随着工业革命而来的问题，促使人们对工厂管理进行深入思考。

三、管理思想的发展

1. 詹姆斯 · 斯图亚特

英国的经济学家詹姆斯 · 斯图亚特（James Steuart，1712—1780），发现了货币流通的一般规律，他反对经济自由主义，主张国家全面干预经济生活。他先于亚当·斯密提出了“劳动分工”的概念，论述了工人由于重复操作而更为灵巧。他指出：“如果是计件付酬的，他就会想出1000种方法来增加其产量。”他认为，机器代替工人的劳动不会使工人失业，反而会有更多的就业机会。

2. 亚当·斯密

亚当·斯密（Adam Smith，1723—1790）是英国古典经济学的杰出代表和理论体系的建立者，1776年，他最重要的著作《国民财富的性质和原因的研究》（又称《国富论》）出版了。他论证了资产阶级财富发展的原因，提出了资产阶级的利己主义，以及“经济人”的概念。他主张经济自由，要求自由地发展资本主义。亚当·斯密的著作涉及许多现代管理的核心问题。他认为，分工在管理上对于提高劳动生产率有三个好处：第一，分工可以使劳动者的技术熟练程度很快地提高；第二，分工可以使某个人专门从事某种作业，可以缩短从一项工种转到另一项工种所耗费的时间；第三，分工可以使专门从事某项作业的劳动者不断地改革劳动工具，发明机器。

3. 大卫·李嘉图

大卫·李嘉图（David Ricardo，1772—1823）是19世纪初叶英国资产阶级古典经济学的杰出代表。他在经济理论上的最大贡献是坚持和发展了劳动价值论，提出了所谓的“工资规律”，其经济理论成为马克思经济学思想的主要来源之一。

4. 安德鲁·尤尔

安德鲁·尤尔（Andrew Ure，1778—1857）是管理教育的先驱。开始时，他的教学工作以培养技术人员为主，后来转为以培养管理人员为主，以适应当时英国迅速发展的工厂制度的需要。1835年，出版了《制造业的哲学》一书，系统地阐述了制造业的原则和生产过程。他认为，工厂制度的基本原则是用机械科学代替手工技巧，以便从手工工匠中培养出工厂职工。尤尔把企业有机地划分为三个系统，对后来的管理思想家有很大的影响，法约尔的一些思想即来源于此。

5. 查尔斯·巴比奇

查尔斯·巴比奇（Charles Babbage，1792—1871）是英国的数学家、发明家，科学管理的先驱者。巴比奇的名著《论机器和制造业的节约》于1832年出版。巴比奇的主要管理思想包括以下几个方面。

第一，提出了在科学分析的基础上制定出企业管理的一般原则。他建议，经过严密调查而获得数据，并用来管理企业。他制定了一种“观察制造业的方法”，主要是利用一种事先印好的标准提问表，表中的内容包括生产所用的材料、正常的耗费、工具、价格、最终市场、工人工资、工作周期等。

第二，他进一步发展了亚当·斯密关于劳动分工的思想，分析了分工能提高效率的原因。他还指出，脑力劳动也可以进行劳动分工。

第三，在劳资关系方面，巴比奇是工厂制度的保护者，强调工人要认识到工厂制度对工人有利的地方，提出一种固定工资和利润分享的制度。他认为：这种制度使每个工人的利益同工厂的发展和利润挂钩；工人都会关心浪费和管理不善的问题；促使每个部门改进工作；鼓励工人提高技术和品德，表现不好者减少分享的利润；由于工人和雇主的利益是一致的，能够消除隔阂，共同繁荣。

巴比奇的科学分析方法、利润分享原则、和谐的劳资关系等思想，使他在管理方面成为一个远见卓识的人。

6. 威廉·杰文斯

威廉·杰文斯（William Jevons，1835—1882）是英国的经济学家和逻辑学家。他是第一个研究劳动强度和疲劳关系问题的人，比泰勒的类似研究早10年。他号召工人和管理当局合作，主张工业合伙，包括利润分享和职工拥有股票，认为这是解决分歧和消除罢工的较好方法。

7. 丹尼尔 · 克雷格 · 麦卡勒姆

丹尼尔 · 克雷格 · 麦卡勒姆（Daniel C Mccallum，1815—1878）出生于苏格兰。1848 年，麦卡勒姆来到纽约—伊利铁路公司工作。1854 年 5 月，被任命为伊利公司的总监。麦卡勒姆的管理创新主要体现在两个方面。

（1）制定了严密的管理制度。

这种管理制度的原则包括五个方面：一是适当地划分职责，实行明确的分工负责制。二是授予充分的权力以便能够充分地执行责任。三是要有能够了解是否切实承担起责任的手段。四是极其快捷的报告制度，对于一切情况能够及时反馈，如果出现疏忽和偏差，能及时纠正。五是通过每日的检查和报告来反映上述各种情况。这种制度的一个前提条件是，不应该给主要负责人增加麻烦，也不应该减少主要负责人对下属的影响力，而要使他不仅能及时发现情况，还能找出失职者。

（2）制定十分严密的组织细则来贯彻这些原则。

一是把职工按其职务要求分为各个等级，并要求职工穿上表示其等级的制服。二是为职工拟订了职务说明书，并规定职工必须按职务说明书工作，不得自行其是。三是制定了一种表示各部门之间的分工和报告控制系统的组织图。这是最早的组织图，是一种树状结构图，树根代表董事会，树枝代表 5 个业务部门，以此来表示组织内部的相互关系。

麦卡勒姆制定的规章制度和组织措施体现了授权原则、责任制、报告控制系统等，这在 100 多年前确实是非常了不起的，对后来管理思想的影响非常大，为铁路业的发展提供了保证。

8. 亨利 · 普尔

亨利 · 普尔（Henry Poor，1812—1905）的一生正值美国铁路事业从无到有并走向成熟的重要时代，他在 1849—1862 年担任《美国铁路杂志》的主编。普尔是麦卡勒姆在伊利公司进行改革的最有力的支持者，麦卡勒姆的成功之所以取得巨大的影响也应归功于普尔和他的杂志。普尔的管理主张主要有以下两点。

（1）建立一种管理体系来管理企业。

这种管理体系不能依靠企业的创办人和资助者来管理，而是通过培养专业管理人员来管理。建立管理体系的三个原则：第一，组织原则。这是一切管理的基础，从总经理到普通工人都必须有细致的劳动分工，每个人都有具体的职责，并直接对他的上司负责。第二，沟通交往的原则。也就是报告制度，使企业的最高管理层能不断地、准确地了解业务的进展情况。第三，信息原则。信息就是“沟通交往的记录”，必须编制和保存一套有关成本、收入、定额测定等方面的系统资料。这实际上就是现代管理中“数据库”概念的雏形。

（2）充分调动人的因素。

普尔看到，工人对管理纪律的抵触情绪在加剧，他开始寻求一些原则来消除“把人看成仅仅是机器”的危险，“如果把人看成机器，那么只要支付工资就能使一个人具有做一名听话的仆人所需要的全部品德，但是对任务不能总是做出硬性规定，最宝贵的东西常常是自觉自愿”。普尔提出，要用集体精神来克服只强调严格管理的官僚化作风，要在不影响个人激励和尊严的情况下，从混乱中寻求秩序。他认为，领导失败的原因有两个：第一，不是根据能力和教育情况而是根据其他因素来挑选人才；第二，未能建立一个可以查明管理人员情况的系统。普尔呼吁要培养有能力妥善管理别人财产的职业管理人员。

普尔在泰勒之前就提出了管理制度问题，在梅奥之前提出了承认人的因素的问题，在阿吉里斯之前提出了消除正式组织中僵化的领导作风问题。他是早期管理思想史上一位杰出的人物。

9. 亨利·汤

亨利·汤（Henry Towne，1844—1924）是美国的工程师和管理学家，也是一位杰出的企业家。他的管理思想主要体现在以下三个方面。

（1）强调管理的重要性。他认为管理是一门独立的学科，“为了高效率地指挥一个企业，工厂管理与工程技术有着同样的重要性”。

（2）支持并推广科学管理运动。1884—1890 年，他先后担任美国机械工程师学会的副会长和会长，运用自己的影响力支持科学管理运动。

（3）提出了一种激励职工的收益分享制度。他认为，简单地提出利润分享对职工是不公正的。因为一个部门职工努力节省下来的利润会被另一些部门职工的失误所抵消，使得整个企业的利润减少或没有利润。他提议，为每一个工作单元或部门确定生产成本和定额，然后根据他们自己的表现把盈利返还给他们。具体做法是，职工有一个最低保证工资，其定额由科学方法测定，每一个部门超过定额而生产出来的收益由职工和雇主各得一半。定额应保持三五年不变。

10. 亨利·梅特卡夫

亨利·梅特卡夫（Henry Metcalfe，1847—1917）是从事军工企业管理的美国军官。他在接管法兰克福兵工厂后，发现该厂采用的传统的组织和管理方法效率很低，浪费很大，于是他在 1881 年实行了一套新的控制制度，即使用卡片来加强车间内各个工种的协调和控制，并取得了很好的效果。卡片分为工时卡和材料卡，卡片中有各种详细的说明，当工人完成工作以后，将卡片交给工长，工长则对此做出评价，并将此卡片作为资料保存下来。如果该部门高质量和低成本地完成了工作量，通过卡片就可以了解这一情况，而且可以确切地衡量每个工人的绩效，同时减少了各种报表和报告，具有与现代管理方法中的看板管理相同的作用。这些卡片把劳动控制、成本控制和工厂管理紧密地结合起来，在当时确实是一个创举。

11. 弗雷德里克·哈尔西

弗雷德里克·哈尔西（Frederick A Halsey，1856—1935）是美国的机械工程师，在工资和奖金制度上有重要的贡献。哈尔西提出了一种新的奖金方案，即以工人目前的产量作为标准产量，以工人目前所花费的生产时间作为标准时间，工人如果提前完成了工作，则把所节省时间的收益按一定比率（约为正常工资的 1/3 或 1/2）发给工人作为奖金，其余归雇主。哈尔西认为，自己的方案有以下优点：第一，简单易行，不用另外测定标准时间。第二，工人的基本工资有了保障。第三，决定奖金多少的依据是个人的超额数量，消除了平均主义。第四，提高的收益由工人和雇主共享，雇主可以得到一半或更多，从而增强了劳资双方的积极性，减少了劳资纠纷。

哈尔西的奖金方案同泰勒的计件工资制一起成为以后多种工资方案的参考模式。

四、工业革命及其管理思想对我们的启示

工业革命及其管理思想对我们的启示有以下几个方面。

第一，管理思想的创新是工业革命的根本保证。我们从工业革命的产生和发展过程不难看出，每个阶段都离不开管理思想的引领和保障。亚当·斯密的经济自由和劳动分工的思想，为资本的自由流动和劳动生产率的提高提供了理论支持；安德鲁·尤尔强调职工培养，指出每一个企业都有三种有机系统，即机械系统、道德系统、商业系统。尤其是道德系统的建立，教育工人要遵守工厂纪律，不应采取怠工、罢工、破坏机器等手段使工厂受到损害，工厂的管理当局也必须采取恰当的措施使工厂成为一个和谐的整体。还有查尔斯·巴比奇的利润分享制度，亨利·汤的收益分享制度，等等。这些管理思想对于化解工业革命带来的劳资冲突起到了有效的指导作用。铁路业是工业革命时期的标志性产业，却遇到了安全管理、远程控制、列车调度等挑战性的难题。麦卡勒姆通过严

格的规章制度和严密的组织措施有效地保证了铁路业的生存与发展，其管理思想中的授权原则、责任制、报告控制系统等为铁路业的发展提供了保障。由此可见，管理思想创新是工业革命的根本保证。当然，管理必须紧跟时代，服务时代，为产业发展提供理论指导和实践支持。

第二，制造业是强国的支柱。英国工业的发展从纺织机的不断创新开始，以蒸汽机的研制和使用实现加速发展，成为“世界工厂”，在世界工业、贸易、海运、金融等方面都处于垄断地位，靠的是强大的制造业。美国最初的崛起靠的也是强大的制造业。正如1791年，美国财政部部长汉密尔顿在《制造业报告》中提出的那样，一个国家没有适当的工业基础，在经济上或政治上就不可能强大。中国从富起来到强起来，也必须大力发展制造业。发展制造业，一靠科技，二靠管理。2010年，我国已经成为制造业第一大国，但是我们还不是制造业第一强国。这就需要加快制造业的转型发展，依靠信息化、数字化改造传统制造业，依靠管理创新、科技创新提升制造业的能量和质量、效益和效率。可见，中国的管理科学面临新的挑战、新的任务，在实现中国从富起来到强起来目标的历史征程中，肩负着光荣的使命。

第三，牢牢把握世界百年未有之大变局。150年前的工业革命时期，中国面临一次从农业文明向工业文明和海洋文明转变的大变局，不过那次变局我们没有早发现、早准备，结果落后了、挨打了，遭受了百年欺辱。赔款、割地，丧权辱国，国破家亡。直到1949年中华人民共和国成立，中国人民才真正地站立起来。

当前中国处于近代以来最好的发展时期，世界处于百年未有之大变局。这场大变局从海洋时代趋向太空时代，从传统工业文明向现代信息文明转变，世界多极化、文化多样化、社会信息化，人类社会进入大发展、大变革、大调整时代。中国已成为世界制造业第一大国，在推动百年未有之大变局中扮演着关键角色。人工智能、大数据、量子信息、生物技术等新一轮科技革命以及大量新产业、新业态、新模式，给全球发展和人类生产生活带来翻天覆地的变化，管理科学面临着发展的大好机遇，我们一定要在新一轮科技革命和产业变革中推进管理创新，加速质量发展，力争使我们国家在大变局中赢得胜利，为实现我们第二个百年目标而努力奋斗。

第四章

中国近代管理思想

Management

Thoughts: Development and Reference

中国近代是中华民族屈辱的时代，但也不乏优秀的管理思想。这就需要我们站在中国近代国内外政治、经济、文化的大背景下，了解中国近代管理思想的主要内容、历史地位及其在政治制度上的局限性，客观认识中国近代管理思想的历史贡献。

一、中国近代管理思想的主要内容

（一）时代背景

从 1840 年鸦片战争到 1911 年辛亥革命这段时间被称为中国的近代。当西方发达国家已经完成了工业革命和资本主义革命的时候，拥有大量财富的中国仍处于清朝封建专制制度的统治下，在政治、军事、科技、教育和工商业等方面均落后于西方资本主义国家，而这一落差没有使统治者迅速警醒并及时地做出应对。从鸦片战争到辛亥革命这一段时间，由于西方资本主义列强的入侵，中国社会由封建社会逐步转变为半殖民地半封建社会。落后挨打的惨痛教训引起了中国仁人志士的反思。“自从 1840 年鸦片战争失败那时起，先进的中国人，经过千辛万苦，向西方国家寻找真理。洪秀全、康有为、严复和孙中山，代表了在中国共产党出世以前向西方寻找真理的一派人物。”这一时期是中国管理思想的融合期，在借鉴西方科学管理思想的同时，又运用了中国传统管理思想的精华，将两者融合起来，创造出中国近代管理思想，有些思想至今仍有十分宝贵的借鉴价值。

（二）历史地位

中国近代管理思想是在西方工业文明和西方列强入侵与压迫的大背景下产生的。地主阶级改革派代表人物林则徐、魏源是向西方寻求救国真理的思想先驱，做了引进西方管理思想的最初尝试；洋务派代表人物曾国藩、李鸿章、张之洞主张“中体西用”，学习西方先进技术与管理；资产阶级改良派代表人物康有为、梁启超提出建立资产阶级君主立宪制国家；资产阶级革命派代表人物孙中山提出以“三民主义”为特征的宏观管理思想。他们在寻求救亡图存、振兴中华道路的探索中创造出来的管理主张，尽管有其时代和阶级的局限性，但闪耀着一定历史时期中华民族的管理智慧和思想光芒。

（三）近代管理思想的主要方面

1. 政治管理思想

政治管理思想包括以下几个方面。

（1）注重选拔外向型人才。为了学习西方，林则徐在选才用人问题上独具慧眼，重视和使用一些“社会地位卑下，素有汉奸之嫌”的外语人才，以顺应时代的需要。

（2）倡导庶人议政。魏源主张庶人议政，他认为，执政者只有广开言路，尽量全面地听取各方面的意见，才会使自己耳聪目明，把国家的大事做好。

（3）提倡中西融合。洋务派代表人物曾国藩、张之洞提出“旧学为体，新学为用”的论点，“旧学为体”就是用封建的“圣道”作为统治人民的根本，“新学为用”就是学一些西方技术为我所用。

（4）政治改革是根本。康有为认为，在全面变法中，必须以政治改革为根本；在政治改革中，又必须以君主立宪为根本。只有实行了君主立宪，解决了根本问题，其他各方面的变法才能依次实现。梁启超根据西方天赋人权学说，提出在中国实行君主立宪、设议院、兴民权的政治变革主张。孙中山提出推翻清朝统治，“建立民主立宪政体”。他把“三权分立”变成“五权分立”，就是将原来的立法、行政、司法三权加上考试权和监察权，创新与发展了资产阶级政治管理思想。

2. 宏观经济管理思想

宏观经济管理思想包括以下几个方面。

(1) 禁鸦片，不禁外贸。林则徐、魏源都提出严禁鸦片贸易，但不禁一般贸易的管理思想。

(2) 引进西方新式工业。魏源在“师夷长技”的口号下，提出移植西方新式工业的主张；洋务派提出以“自强”“求富”为管理目标，兴办军事工业、民用工业。他们还提出“官督商办”的管理方式，就是商人出资，政府派官员管理。

(3) 富国养民。康有为提出“富国”“养民”，发展资本主义的经济纲领。梁启超提出振兴实业论和利用外资论，其目的都是发展资本主义经济。孙中山提出以民生主义为特征的经济管理思想，主张同时注意“贫”和“不均”两个方面的问题，但把解决“贫”的问题放在首位。

3. 企业经营管理思想

随着中国民族资本主义的产生和发展，中国民族资产阶级的企业经营管理思想应运而生。1956 年 2 月，毛泽东在与黄炎培谈到民族工业时曾说：“重工业不能忘记张之洞，轻工业不能忘记张謇。”张謇作为中国近代最早和规模最大的民族资本企业的创始人，主张实业救国，他一生创办了 20 多个企业和 300 多所学校。他提出，要制定国家实业发展规划，引进和利用外资，实施奖励实业的政策，发展实业教育、扩大人才资源，保持生产和消费的平衡。制定“厂约”和“章程”，明确实行总经理负责制、职能工长制（计划、工艺、执行）、民主监督制。把爱国爱民作为企业文化的核心，建立公积金制度，为扩大再生产提供保障。通过成本计算制、节约开支、采用先进技术设备等措施降低成本以增强竞争力，通过岗位责任制、奖惩制度、考工制、员工参与年终分红制调动员工的积极性。这些管理思想至今仍有积极的借鉴意义。

二、中国近代名家管理思想

（一）林则徐的管理思想

林则徐（1785—1850），福建侯官（今福州）人，中国近代杰出的爱国志士，地主阶级改革派的代表人物。他的管理思想主要包括以下几个方面。

1. 严禁鸦片贸易

林则徐坚决主张严禁鸦片贸易，抵抗外国武装侵略，他的管理思想也是由此而产生的。林则徐指出，鸦片贸易已使各级衙门的大小官吏成了“吸食者”和“包庇贩卖之人”，白银外流以及军队官兵吸食鸦片严重破坏了清朝的财力和军力，如果不严加制止，几十年后就将使“中原几无可御敌之兵，且无可以充饷之银”，国防将面临不战自溃的危险。对人民来说，吸食鸦片的人增多会败坏社会风气，损害民族健康，“痼癖不除，足以弱种”，贻害尤为深远。他以极大的义愤，痛斥鸦片贸易是“骗人财而害人命”，为“人心所共愤，亦天理所难容”。

林则徐提出必须把鸦片贸易和一般贸易区别开来，把进行鸦片贸易的祸首英国同其他资本主义国家区别开来。他认为，进行对外贸易有助于增加国家收入，可以“收其利”，即获得关税收入，将它用作国防经费，“制炮造船”，以加强反对外国武装侵略的力量。

2. 发展工商业

林则徐主张革新货币形式，用铸造货币代替称量货币，以适应商品流通的发展趋势，用钱票的流通弥补现金的不足。

他支持商民办矿及发展工商业。不赞成由官府开矿，认为地方官有一定的任期，不能长久主持矿务，而且难以亲自担任经营管理之职，只能依靠他们手下的吏役，这样一来，不但难以经营得好，还必然会有贪污、行贿、任用私人等种种弊端。鉴于开矿所需“资本甚巨”，不是个别商人独力所能担负，于是他提出“招集商民，听其朋资伙办”的主张，官府只负发动、鼓动之责，经营管理全由“商民”自任，自负盈亏，“成则加奖，歇亦不追”。林则徐所说的“朋资伙办”，是旧式的合伙企业，但已是一种包含资本主义因素的经营管理形式。他反对将工商业作为“末业”，主张发展工商业，保护商人的利益，为商人提供资金上的支持。

3. 学习西方先进技术，选用外语人才

面对 19 世纪中叶，中国在物质和精神等各个方面的落后局面，面对封建士大夫仍然以“天朝”自居，一味以虚骄之气傲视一切，盲目排外的现状，林则徐一反常规，正视现实，提出学习西方国家长处，引进西式船炮以充实海防，重视和使用外语人才，亲自挑选教会学生担任翻译工作。

（二）魏源的管理思想

魏源（1794—1857），中国近代启蒙思想家。鸦片战争的失败，使魏源的思想受到很大震动，促使他发愤去研究西方，以寻求富国强兵之术。他编写了我国近代第一部系统介绍世界历史、地理的专著《海国图志》，共 50 卷，而后又把《海国图志》增补为 100 卷，探讨中国在鸦片战争中失败的原因，提倡研究和了解西方，以便有效地抵抗西方资本主义国家的侵略。

1. 对传统管理思想提出不同见解

魏源对传统管理思想提出以下不同见解。

其一，对传统的“重本抑末”观点提出新的解释。魏源认同农业是“本”，工商业是“末”，同时认为虽然食粮是财富，但货币和金银也是财富，两者都是国家财富的源泉。他主张，从当前情况来看，则应是缓本急标，先货后食，也就是把工商业放在农业的前面。这显然是一个重大的突破。

其二，对漕运、盐政和赋税管理方面提出改革主张。他建议并筹划了漕运改革，即改河运为海运，改官运为商运。对淮盐运销提出三项改革：一是裁汰盐官盐吏，克服人浮于事、效率极低和贪污勒索等弊病。二是改盐纲为盐票，废除盐纲世代垄断权，凭商人纳税，取票买盐。三是打破纲商分地割据经营的局面，允许一切商人到各地自由运销。这些改革措施使盐价大减，走私现象渐绝，国家盐税收入也随之大增。在赋税管理方面，他提出反对重赋，主张培养税源，国家赋税只应征收富民收入的一部分，而不应侵夺他们的财产。他主张放手让富民发家致富，以保证国家财政收入有可靠的税源。

其三，主张庶人议政。魏源将国家比喻为一个人的身躯，把国家政事比作人的鼻息（呼吸），指出口可以不言，而鼻不能受到阻塞。国家除了要有诤谏之臣以外，更重要的是倾听庶民百姓的意见。执政者只有广开言路，全面听取各方意见，才能耳聪目明，把国家的大事做好。

2. 学习西方长处，开展对外贸易

在《海国图志》中，魏源主张：要救中国，一方面要整顿内治，学习西方的长处，不应把“奇技”和“淫巧”混为一谈，学习和采用西方的机器、技术和管理，允许官和民创办新式工业，使“西洋之长技，尽成中国之长技”；另一方面要反对愚昧的闭关锁国，在不损害中国主权的前提下，与西方资本主义国家进行贸易，“严禁鸦片输入，不停正常的对外贸易”。

（三）曾国藩的管理思想

曾国藩（1811—1872），湖南湘乡人，清末洋务派代表人物。他继承了中国传统儒家思想，并以此为其管理思想的内核，兼用黄老、法家的管理手段，在其管理实践中取得了巨大的成就。其管理思想主要包括以下三个方面。

1. 军队管理思想

招募符合标准的军士，士兵主要招募壮实憨厚的农民，军官主要来自绅士、文生，并且要做到才堪治民、不怕死、不急名利、耐受辛苦，做到公、明、勤。

在组织机构管理上，加强上级对下级的绝对领导，确立更加畅通的权力机制。

强化军事训练，既训打仗执法，又训做人之道，强调官兵个人素质修养与作战技能训练并重。

建立湘军思想政治教育机制，把忠、义、诚、敬、仁、慈、廉、耻融入军队思想建设，军队官兵对统帅与朝廷要绝对忠诚，奉行“行军要先爱百姓”的准则。

正是靠着上述治军思想，曾国藩锻造出一支晚清最具战斗力的军队。

2. 人才管理思想

人才管理思想包括以下几个方面。

第一，重视人才的观念。曾国藩将人才上升到国家命运的层面。他认为人才是扭转国家命运的关键，他主张“国家之强，以得人为强”。

第二，明确的人才标准。曾国藩认为，一个人应当具备以下几个方面的基本素质，才能称为人才：一是应当怀有远大的志向，有高尚的志趣。二是要有朴实廉洁的品质。能够拥有朴实品质之人并发挥其长处是十分可贵的，若是一个人拥有才能却没有朴实的品质，是不能重用的。三是德才兼备。德是才的基础与支撑，才能只有在德行的基础上才能充分发挥出来。一个人只有德行，没有才能，就会成为一个平庸、碌碌无为之人，更趋向于愚人；若只有才能，没有德行，就会成为一个道德败坏之人，更趋近于小人。

第三，人才的选拔任用和培养。一是访求人才之道——广收，他的幕府成为清朝当时人才最集中的地方；二是任用人才之法——慎用，主要是量才录用和用人之长；三是培养人才之方——教诲、甄别、保举、超擢，勤教与严绳并举。

3. 洋务思想

面对清朝内忧外患的局面，曾国藩坚持“中学为体，西学为用”的方针。他主张经世致用，在治理国家上，采用中国传统的儒家治国思想，以礼治人；而在器物层面，立足学习西方先进技术，开创了洋务运动，大量引进西方先进的机器，建立近代工业体系。建立近代军事训练体系，创办中国近代军事企业——安庆军械所，建造中国第一艘机器轮船，开办第一所军事学校，在国内首创科学教育，组织人大量翻译西方的科技书籍，第一次向国外派遣留学生，等等。

（四）张之洞的管理思想

张之洞（1873—1909），直隶南皮（今河北南皮）人，洋务派的后期首领。其管理思想主要包括以下三个方面。

1. 中体西用

张之洞曾提出一个著名的论点，叫作“旧学为体，新学为用”，即“中体西用”论。旧学也称“中学”，主要是指维护中国封建统治的意识形态，尤其是被历代封建统治者尊为“圣道”的孔孟儒学。新学也称“西学”，主要是指西方的工业技术、自然科学以及同西方国家交往所需的“西政”“西史”之类的知识。他的所谓“旧学为体”，就是坚持用封建的

“圣道”作为统治人民的根本；认为只要坚持“旧学为体，新学为用”的原则，就不会危及清朝的统治，而且会有助于加强这种统治。

2. 利权分离

张之洞在对待清朝政权和资产阶级的关系方面，提倡“利权分离”论。他认为，利和权两个东西可以分开，而且必须分开。他控制民族资本，主要也是采取官督商办的形式。

3. 工商相辅

张之洞从论述工商双方的关系出发，提出“工、商两业相因而成”的经营管理原则。他认为，“工有成器，然后商有贩运，是工为体、商为用也”，但是“其精于商术者，则商先谋之，工后作之”，“是商为主、工为使也”。所以，他提出“工、商两业相因而成”的经营管理原则，有其独到之处。

（五）康有为的管理思想

康有为（1858—1927），广东南海人。自幼接受传统学术教育，青年时期的康有为重视“经世致用”，继承了中国知识分子关心国事民瘼的良好学风，“以经营天下为志”。他曾潜心研究西方自然科学知识和各国政治制度，向西方寻求救国真理。1895 年 4 月，康有为再赴京城会试。时值日本逼签《马关条约》的消息传来，他悲愤万分，联合 1000 多名会试举人上书清政府，请求拒和、迁都、变法，这便是著名的“公车上书”。康有为的变法要求得到了光绪皇帝的支持，于是就出现了 1898 年 6 月 11 日到 9 月 21 日的“百日维新”，这是资产阶级变法维新运动的高潮。由于以慈禧太后为代表的保守势力的镇压，维新运动失败了。康有为的管理思想主要表现为以下三个方面。

1. 主张君主立宪，改革官制的行政管理思想

康有为认为，在全面变法中，必以政治改革为本，实行君主立宪，开国会，君与国民共议一国之政法。以国会立法，以法官司法，以政府行政，行三权鼎立之制。他不但主张君主立宪，而且主张立即实行。在当时，他的这些主张是先进的，但也是理想化的。

2. 提出“富国”“养民”发展资本主义经济的经济管理思想

他的富国之法包括钞法、铸银、铁路、机器轮舟、开矿、邮政六项纲领。钞法、铸银是要建立和健全适合资本主义经济发展要求的近代信用货币制度；铁路、机器轮舟、邮政是要求发展新式交通运输业。货币信用制度、新式交通运输业、采矿业都是资本主义工商业顺利发展的基础结构。把发展大工业看作富国、强兵的首要问题。要求允许和鼓励资本家“成大工厂以兴实业”，并且要求把“定为工国”作为“国是”。所谓“定为工国”，就是要实现资本主义工业化。

养民之法包括务农、劝工、惠商、恤穷四项纲领。务农、劝工、惠商就是采用资本主义的生产方式和经营方式来发展农、工、商等国民经济部门；恤穷除了含有安定统治秩序的目的外，也含有收容游民进行劳动、为资本主义生产训练劳动后备军的目的。

3. 废八股改策论，兴办近代教育的文教管理思想

康有为对八股科举考试制度深恶痛绝。他指出：“民智不开之故，皆以八股试士为之。学八股者，不读秦、汉以后之书，更不考地球各国之事，然可以通籍累致大官。今群臣济济，然无以任事变者，皆由八股致大位之故。”光绪皇帝不久便宣布改革科举制度。康有为建议兴办近代教育——新式学堂，被光绪皇帝所接受，并不止一次地下谕开办京师大学堂，命令将全国大小书院“一律改为兼习中学、西学”的中小学堂，所有这些学堂都必须讲授官书局统一编译的中外要书，使“一律中西兼习，以广造就”，从而构成了中国大中小学组为一体的崭新的教育体系，出现前所未有的近代教育新局面，其意义重大，影响深远。

（六）孙中山的管理思想

孙中山（1866—1925）是中国近代民主革命的伟大先行者。他在檀香山、广州、香港等地比较系统地接受过西方式的近代教育。中法战争和甲午战争的失败，激发了孙中山的反清思想。1905 年 8 月，孙中山在日本东京创建同盟会，提出“驱除鞑虏，恢复中华，创立民国，平均地权”的革命纲领。在同盟会机关报《民报》发刊词中，孙中山首次提出“民主、民权、民生”三大主义。

1. 孙中山的行政管理思想

孙中山的思想表现出鲜明的政治色彩，他把自己的学说和理论概括为“三民主义”，即民族主义、民权主义和民生主义。民族主义立足于推翻异族统治，实现民族平等，创建自立于世界民族之林的民族国家。民权主义立足于主权在民，人民拥有政权，政府拥有治权，实行立法、司法、行政、考试、监察五权分立。民生主义立足于改善民生，平均地权，节制资本。南京政府建立之后，孙中山及时提出了“五族共和”的民族政策，指出：“国家之本，在于人民。合汉、满、蒙、回、藏诸地为一国，即合汉、满、蒙、回、藏诸族为一人，是曰民族之统一。”“相与共享人类之自由。”

孙中山的民权主义思想，与资产阶级共和国理想紧密相连。提出“中华民族必将使其四亿人民的力量奋起并永远推翻满清王朝，然后将建立共和政体”，做到民有、民治、民享的国家。

2. 孙中山的社会经济管理思想

孙中山的民生主义，是他的社会改革纲领。民生主义的核心是解决土地问题，即“平均地权”。针对欧美国家贫富分化的实际，他强调，解决民生问题的方法是利用地价变化的差额，核定地价，用土地税收均衡贫富，平均地权。再进一步，随着工业的发展，节制资本，以国家经营重大产业为基础，消除垄断资本的社会弊端。“凡天然之富源，如煤铁、水力、矿油等，及社会之恩惠，如城市之土地、交通之要点等，与夫一切垄断性质之事业，悉当归国家经营，以所获利益，归之国家公用。”

3. 孙中山的人才管理思想

在长期的革命实践中，孙中山确立了自己的人才管理思想，主要包含人才的选拔、培养、任用和监督等内容。

关于人才的选拔。孙中山通过研究中国传统科举制度和西方文官制度，提出建立通过考试选拔人才的选人制度。他认为，考试制度能够有效地将不合格之人排除在用人体系之外，将优秀的人才纳入官员系统中。

关于人才的培养。孙中山将人才的培养看作革命事业发展的必备条件，提出培养人才与延揽人才，将来种种事业非有多数人才莫可。如何培养人才？孙中山认为，培养人才关键在于建立新式的教育体系。他将建立现代学校、普及教育，提高全体国民的文化素质，作为培养国家各类人才的根本途径。

关于人才的任用。孙中山认为，必须革除官场陋习，选用的人才要“有才有德”。他反对革命人士论功行赏的行为，认为民国政府的官员是服务于人民的公仆，必须能够胜任其官职，而不应将其作为赏赐授予有功者，做到“官惟其才，赏惟其功”，不同材质的人适合担任不同的职位。

关于人才的监督。孙中山吸收和借鉴了西方监督制度和中国传统监察制度的经验，认为只有对官员进行充分的监督，才能保证官员在其任内合理地使用其权力，为民谋福。在国家权力体系中，由监察院掌握并独立行使监督权力，监督政府的运行；同时，人民也应当拥有对官员的罢免权，监督官员的行为，确保官员的权力处于人民的监督之中，防止官员以权谋私。

孙中山的管理思想体现了中国资产阶级革命派对于国家管理体制的创新，代表了当时中国国家管理制度的发展方向和潮流。他的治国理念推动了中国国家管理理论和实践的创新，民主共和的思想在中国得以普遍传播，促进了中国的现代化进程，对于中国管理思想的发展具有划时代的意义。

三、中国近代管理思想对我们的启示

中国近代管理思想对我们有以下几个方面的启示。

第一，铭记近代中国落后挨打的深刻教训。在2000多年的封建时代，中国处在世界文明的领先地位。到了近代，1840年英国发动的鸦片战争和1856年英法联合发动的第二次鸦片战争，中国均以失败而告终，这彻底暴露出中国的落后。面对工业化武装起来的坚船利炮，中国的武器装备远远地落后了。透过这一现象，深层的根源是什么呢？用今天的眼光不难看出，在资本主义横行的世界，落后就要挨打。当时中国的落后是多方面的。19世纪中叶，中国仍在闭塞的封建牢笼中徘徊，在物质和精神等各个方面都比资本主义文明下的欧美国家要落后得多。当时的封建权贵们仍然无知地自信“夷夏之大防”，以“天朝”自居，一味以虚骄之气傲视一切，盲目排外。虽然有林则徐、魏源等人提出要正视现实，学习西方国家的长处，但由于当时中国同西方国家刚开始正面接触，对西方情况了解不多，他们只是从武器方面看到了西方的长处，看到了“内地船炮非外夷之敌”，提出要大胆地引进西式船炮，用以充实海防，但没有从文化、政治制度等深层次看到落后的根源。1874年，时任直隶总督兼北洋通商大臣的李鸿章在给皇帝的《筹议海防折》里提到：“今则东南海疆万余里，各国通商传教，来往自如，聚集京师及各省腹地，阳托和好之名，阴怀吞噬之计，一国生事，诸国构煽，实为数千年来未有之变局。轮船电报之速，瞬息千里，军器机事之精，工力百倍……又为数千年来未有之强敌。”这里所指的变局是，当时的中国内陆文明面对海洋文明突如其来的巨大变化，以及突然来临的数千年来未有之强敌。在政治制度、经济、科技、教育等各个方面都没有与时俱进，最终落后挨打、丧权辱国、国破家亡，中华民族付出了巨大代价，有些创伤至今还没有得到医治。这个血的教训我们必须永远铭记——落后就要挨打。

第二，国家政治制度的落后是最根本的落后。中国的封建制度在一定历史阶段对中华民族的统一、发展起到了不可磨灭的作用。然而，随着社会科学技术的进步和生产力的发展，国家政治制度作为根本的上层建筑，必须与经济基础相适应。近代中国面对数年未有之大变局，面对第一次工业革命的大潮，不仅要发展科学技术，改革教育制度，兴办工业，发展军事，更需要变革政治制度，建立与发展资本主义经济相适应的国家政治制度。尽管林则徐、曾国藩、康有为等仁人志士提出了许许多多好的治国思想和管理主张，但在封建王朝的统治下是很难取得成功的。因此，孙中山等资产阶级革命派坚决主张推翻清政府的腐朽统治，建立资产阶级议会民主制度。然而，资本主义制度经过近百年的发展，其固有矛盾充分地暴露出来，私有制与国家统一规划、集中力量办大事的矛盾不可调和；个人自由与国家意志、统一步调、团结一心、众志成城的矛盾不可调和。今天，互联网为高铁、高速公路的发展提供了信息支持，但是在资本分散、土地私有的制度下，其优势难以充分发挥出来。在生产力和科学技术高度发达的今天，先进的社会主义制度给中国的发展带来的红利令世人瞩目。2020 年，在全球新冠疫情肆虐的情况下，世界主要经济体中唯有中国经济呈现正增长。中国共产党的领导、中国特色社会主义制度，为实现中华民族伟大复兴提供了坚强的制度保证。坚定中国特色社会主义道路自信、理论自信、制度自信、文化自信，这应该成为我们学习管理思想史的重要收获。

第五章

科学管理理论

Management Thoughts: Development and Reference

作为古典管理理论的重要组成部分，泰勒的科学管理理论的诞生标志着管理从经验走向科学，在管理思想发展史中具有里程碑意义。

一、科学管理理论的产生

19 世纪末 20 世纪初，美国在吸收欧洲科学技术的基础上，在一些科技领域实现了重大突破，从而加速了工农业的发展，一举超过了英国。随之而来的是各种矛盾与问题。要想进一步发展生产，就必须在管理上寻求突破。于是，泰勒出现了。用美国管理学家雷恩的话说，泰勒是“那种在紧要关头突然出来扭转局面的人，他是形成一种观点的关键人物”。

（一）泰勒及其对科学管理理论的探索

1. 泰勒生平

弗雷德里克·温斯洛·泰勒（Frederick Winslow Taylor，1856—1915），1856 年出生于美国，是科学管理理论的创始人，西方古典管理理论的主要代表。22 岁来到费城的米德维尔钢铁厂，在 6 年时间里，泰勒从一个普通工人升为机工班长、车间工长、总技师，最后成为总工程师。1890 年，泰勒离开米德维尔钢铁厂，担任过投资公司总经理，做过工厂的管理咨询工作。1906 年，泰勒担任美国机械工程师协会主席，1915 年病逝。

2. 泰勒对科学管理理论的探索

泰勒对科学管理理论的探索如下。

（1）取得了大量的实践经验。在工厂，泰勒从事大量的生产实践活动，对车间的生产和工人劳动状况非常熟悉。在技术发明上拥有 100 多项专利权。19 世纪末，泰勒从事企业管理工作。这些经历从实践上为他积累了丰富的经验，从而使他与科学管理结下不解之缘。

（2）了解管理问题所在。早在米德维尔钢铁厂当工长时，泰勒就发现了工人磨洋工和效率低下的问题是源于不合理的工资制度。计件工资制标准很乱，工人没有提高产量的动力。

（3）坚持实践探索。泰勒亲自向工人示范工作方法，教他们如何省力、省时又能生产出更多的产品。他在实践中认识到，必须确定一个大家都能接受的客观标准，才能避免劳资冲突。为此，泰勒开始了对科学管理的探索。

（4）开展科学实验。泰勒解决问题的方法和科学研究一样，是从实验开始的。在米德维尔钢铁厂时，泰勒认为劳资双方不能保持和谐关系的最大障碍，是管理部门搞不清一个工人每天适当的工作量是多少。在公司总经理的支持下，他开始进行有关工时和动作的实验性研究。他研究一个熟练工人在操作一台特定的机床时可能出现的各种情况变化，如传动带、轴承、刀具、速度、材料、方法和动作等，目的是通过这种综合研究能够使现有设备得到充分利用。1898 年，泰勒来到伯利恒钢铁公司，在这里，他采用调查和实验的科学方法进行了操作动作的研究。他首先挑选了两三个一流的工人，并对他们所做的可靠工作付给额外的报酬。在实验中泰勒发现，一个一流工人每锹铲约 21 磅重的材料时，能获得最大的日生产量。于是他预备了 8 ～ 10 种不同规格的铁锹，每种铁锹适合于铲一定种类的材料，每锹铲约 20 磅的材料。这项研究在伯利恒钢铁公司铲挖作业班组中实行，收到了很大的成效。由于工作效率的提高，该公司从事铲挖作业的工人从 500 名减少到 140 名。泰勒还进行了搬运生铁的实验研究，他制定一套最优搬运方法，制定最优步距、最优工作间歇，仔细挑选工人，并认真训练他们按照指定的要求从事作业劳动。结果表明，每个工人手工搬运生铁的日劳动量从 12.5 吨增加到 47.5 吨，工人的平均工资也比以前提高了 60%。

泰勒的实践和他所从事的实验研究，为他以后的科学管理思想提供了充分的实证。他深刻地认识到，管理人员与生产实践不直接接触，没有规章制度和操作程序，工人凭个人经验和爱好选择生产操作方法和工具，不但不利于提高劳动生产率，反而容易激化劳资矛盾。因此，必须采用科学的方法来进行管理。20 世纪初，泰勒对其在实践基础上形成的管理思想进行了系统的梳理，从理论上阐明了自己的观点。出版了《计件工资制》（1895 年）、《工厂管理》（1903 年）、《科学管理原理》（1911 年）、《在美国国会听证会上的证词》（1912 年）等著作。

（二）科学管理理论产生的客观条件

1. 美国的工业化进程对管理提出了新的要求

美国的工业化进程对管理提出了新的要求，主要体现在以下几个方面。

（1）市场迅速扩大。从南北战争结束到第一次世界大战，是美国工业化突飞猛进和最终完成的时期。随着西部的开拓、南部归入统一的市场体系，美国国内市场以前所未有的速度扩容。

（2）科学技术迅猛发展。世界科学技术革命方兴未艾，以牛顿力学为主体的经典力学体系和以麦克斯韦电磁理论为核心的经典电磁理论已经形成，为技术革命提供了前提。新技术和新发明不断涌现，如新炼钢法、电力技术、内燃机技术等为美国工业化提供了良好的机会。此时，美国依靠大量引进欧洲先进技术，发展起一系列新工业，如钢铁、电力、汽车、石油采炼等。

（3）实现了工业化。19 世纪末 20 世纪初，美国完成了从农业国向工业国的转变，1800 年美国 90% 的人口以农业为生，到 1900 年这一百分比降为 33%。美国在产品的产量、服务业、工资收入和公民的生活水平方面都居于世界领先地位。1900 年，美国的人口为 7600 万人，其中职工有 2700 万人，许多工厂发展成为生产多种产品的大企业。

（4）企业管理跟不上发展的需要。19 世纪末，美国已建成四通八达的铁路网和几条横贯大陆的干线，因为铁路运量的大幅增长，出现了巨型企业——铁路公司。在当时，这些大企业的管理还相当落后。许多工厂的产量远低于其定额生产能力，能达到 60% 的都很少。工人的生产率和工资都很低，每周的劳动时间则在 60 小时以上。虽然已经有一些人对管理进行了探索，但仍然是凭传统经验办事，缺乏科学的依据。要发展生产力，就必须在管理方面有一个较大的突破，这是资本主义发展提出的客观要求。

2. 解决经济危机必须实施新的管理

1873—1907 年，主要资本主义国家经历了 5 次世界性的经济危机。危机使资本主义国家的生产急剧下降，大批企业破产，失业人数猛增，劳资矛盾激化。在这 5 次世界性经济危机中，3 次都是从美国爆发的，这使美国的生产力受到严重的破坏。例如，在 1907 年的大危机中，破产的信贷机构超过 300 个，30 多家铁路公司倒闭，经济危机使劳资矛盾日益尖锐。矛盾最初是在个别工厂出现的，随着斗争的发展，工人组成了反对资产阶级的同盟（工会），到 1904 年，美国参加工会的人数已达 207 万人。随着斗争的扩大，社会局势也变得越来越动荡，这直接影响了生产，导致当时的劳动生产率大幅下降。为了扭转被动局面，缓和工人和资本家的对立情绪，协调二者之间的关系，合理利用资源，提高生产率，人们不得不寻求一种比较合理的方法去解决劳资矛盾。泰勒的很多思想就是在这种情况下产生的。为了增强抗危机能力，垄断组织从地区扩大到国家，从国家扩大到国际，出现了跨国公司。企业规模的扩大、信用制度和股份公司的建立与发展，导致所有权和经营权分离，管理职能的专门化的需求变得非常迫切。为此，需要建立有效的管理体制来维护资本主义的社会关系。

3. 大量移民的培养，需要一种新的管理方法

随着美国经济的快速发展，来自世界各地的大批移民纷纷涌入美国，他们大多集中在沿海的工业城市，为美国的企业提供了劳动力来源，但这些移民大多来自农村，只会干体力活，无法适应大机器生产的要求，因此迫切需要一种新的管理方法，能在较短的时间内把这些劳动力培养成适应工业生产需要的熟练工人。

4. 工业革命以来的探索为科学管理理论的产生提供了思想基础

阿克莱特等人提出的先进机器条件下的科学管理方法，亚当·斯密的劳动分工思想，巴比奇的“观察制造业的方法”，麦卡勒姆和普尔对企业的组织结构和职能控制进行的研究，汤和哈尔西对工资及收益分配做的分析和实验，这些“孕育着科学管理诞生的客观环境和物质条件都已具备，在社会需要和学科成熟的交叉点上泰勒站了出来，科学管理的时代到来了”。

二、科学管理理论的主要内容

（一）科学管理的目的和原则

1. 科学管理的目的

泰勒认为，科学管理的根本目的是提高劳动生产率。

2. 科学管理的原则

科学管理有以下几个原则：第一，对工人操作的每个动作进行科学研究，用以替代老的单凭经验的办法。第二，科学地挑选工人，并进行培训和教育，使之成长为一流的工人。第三，与工人亲密协作，以保证按科学原则去办。第四，资方和工人之间在工作和职责上几乎是均衡的，资方把自己比工人更胜任的那部分工作承揽下来。

（二）作业管理

作业管理是科学管理理论的一个重要的内容，它可分为以下三个方面内容。

1. 为作业挑选“一流的工人”

泰勒认为，每一个人都具有不同的天赋和才能，只要工作适合他，就能成为一流的工人。如果有的工人身体条件完全能够胜任工作，但是十分懒惰，那么不管对他们如何体贴、教育和指导，都无法把他们培养成一流的工人，对于这些人，应该采取说服教育和纪律约束等措施，并配合激励性付酬制度，使之努力工作。对于那些体力或智力不适合做分配给他的作业的人，应该对他们进行培训或调整到适合的作业岗位上去。

泰勒发现，人与人之间的主要差别不是在智能上，而是在意志、在达到目的的动力上。一流的工人是适合该项工作而又努力工作的人，不是指体力和智力超常的“超人”。

2. 制定科学的工作方法

制定科学的工作方法：一是把工人多年积累的经验知识和传统技巧归纳整合起来，进行比较分析，从中找出具有共性和规律性的东西，并将其标准化，形成科学的工作方法；二是对工人的操作方法、使用的工具、劳动和休息的时间进行合理的搭配，同时对机器安排和作业环境等进行改进，把最好的因素结合起来，从而形成一种标准的作业条件。

3. 实行激励性的工资制度

泰勒的激励性工资制度包括三个部分：第一，通过工时研究确定“工资率”，即工资标准。第二，实行差别计件工资制，即按照工人是否完成定额而采用不同的工资率。如果达到或超过定额，就按 125% 的工资率付给报酬；如果没有达到定额，就将全部工作量按 80% 的工资率付给报酬，并发给一张黄色牌子以示警告，如不改进就将被解雇。第三，“把钱给人而不是职位”，即工资是根据工人的实际工作表现，而不是根据工作岗位支付。

（三）组织管理

1. 把计划职能与执行职能分开

计划部门的主要任务：第一，进行调查研究，以便为制定定额和操作方法提供依据。第二，制定有科学依据的定额，确定标准化的操作方法、工具。第三，拟订计划，发布指示和命令。第四，把标准和实际情况进行比较，以便进行有效的控制。工作现场的工人和工长则从事执行职能，他们按照计划部门的指示以及制定的操作方法，使用标准工具，进行实际操作。

2. 职能工长制

职能工长制是根据工人的具体操作过程，对分工进一步细化而形成的。泰勒设计出 8 个职能工长，其中工作命令工长、工时成本工长、工作程序工长、纪律工长在计划部门，工作分派工长、速度工长、修理工长、检验工长在车间。然而，由于多头指挥容易造成混乱，泰勒的职能工长制没有得到推广；但职能管理思想对后来职能部门的建立以及管理的专业化具有借鉴意义。

3. 例外原则

例外原则是指企业的高级管理人员把日常事务授权给下级管理人员去处理，自己只保留对例外事项的决策权和控制权。

（四）心理革命

面对劳资矛盾的加剧，泰勒认为，真正的科学管理在于劳资之间必须进行一场“心理革命”。什么是泰勒的“心理革命”呢？泰勒指出，在科学管理下，劳资双方心理态度上发生的这场革命就是双方把注意力从分配剩余转向增加剩余，直到剩余大大增加，以致没有必要就分配问题进行争吵为止。他们双方都会认识到，当以友好合作代替对抗时，他们就能够使剩余猛增，工人的工资也会有很大的增加余地，制造商的利润也会大大增加。遗憾的是，泰勒所期待的这场“心理革命”在当时并没有实现。

三、科学管理理论的传承与发展

（一）泰勒的追随者对科学管理理论的贡献

1. 卡尔·巴思

卡尔·巴思（Carl G Bath，1860—1939）出生于挪威，是泰勒最早，也是最能干的助手。巴思曾是一位数学教师，1899 年，泰勒邀请他来解决金属切削实验中所遇到的复杂数学问题。他很快就得出包含 12 个变数的公式，并在此基础上发展出巴思计算尺。在金属切削上，工人只要知道机器的马力和所用的切削工具，利用巴思计算尺和公式就可以决定进刀和切削的速度。巴思还帮助泰勒进行工时研究和疲劳研究。泰勒和巴思是两种类型的天才，泰勒具有远见，但不愿过问细节，而巴思恰好在这方面成为泰勒最得力的助手，他们的结合使每个人都能最大限度地发挥出创造性。

2. 亨利·劳伦斯·甘特

亨利·劳伦斯·甘特（Henry L Gantt，1861—1919）是泰勒创立和推广科学管理制度的亲密合作者。他对科学管理理论的重要贡献主要有以下两个方面。

（1）提出任务和奖金制度。该制度规定，一个工人达到工作标准，工长就可以得到一笔奖金，如果所有的工人都达到标准，工长还会得到额外的奖金。这项制度使工长愿意拿出精力帮助他的工人。

（2）强调对工人进行教育的重要性，重视人的因素在科学管理中的作用。甘特认为，任务和奖金制度可以使工长成为其下属的教师和帮助者，通过教育，随后再通过提高生产，把关心生产转变为关心工人。他说："我们做任何事情都必须符合人性。我们不能强迫人们干活，我们必须指导他们的发展。"他号召人们更多地重视管理中人的因素，金钱刺激只是影响人的许多动机中的一个。甘特在工业教育中增加了一项"工业的习惯"内容，他指的习惯就是勤劳及合作的习惯。

3. 弗兰克·吉尔布雷斯与莉莲·吉尔布雷斯

弗兰克·吉尔布雷斯（Frank Gilbreth，1868—1924）是科学管理运动的先驱者之一，在动作研究方面有突出的成就。莉莲·吉尔布雷斯（Lillian M Gilbreth，1878—1972）是弗兰克的妻子，也是美国第一位获得心理学博士学位的妇女，被称为"管理的第一夫人"，1914 年出版《管理心理学》一书。

吉尔布雷斯夫妇在管理思想方面的贡献主要有下述五点。

（1）动作研究。把各种最有效的动作要素归纳成为一种最经济的动作，即"动作经济原则"，并把这种原则推广到工人中，使工作效率大为提高。

（2）疲劳研究。吉尔布雷斯夫妇合作研究出一种合理搭配工作和休息时间、恰当布置环境的方法，建议在工作中播放音乐来减轻疲劳，并向社会呼吁把消除疲劳放在头等重要的地位。

(3) 探讨工人、工作和工作环境之间的相互影响。吉尔布雷斯夫妇认为，工人本身对工作成绩产生影响的因素有骨骼、肌肉、满足的程度、信仰、经验等 15 项，环境方面影响工作成绩的因素主要有器械、衣服、颜色、文娱等 14 项。

(4) 强调制度管理。吉尔布雷斯夫妇认为，任何工作都有一种最好的管理方法，应该把这些方法系统化为一套制度，人人都遵照执行。如果制度有不妥的地方，可以反映和修改，但在修改之前仍然必须执行，不得自行其是。

(5) 重视企业中人的因素。吉尔布雷斯夫妇非常重视企业中人的因素，他们把经济学、管理学、社会学、生理学、心理学、教育学等学科的有关知识用来提升工人的能力，以便提高生产效率。这些研究对行为科学的兴起产生了一定的影响。

4. 哈林顿 · 埃莫森

哈林顿 · 埃莫森（Harrington Emerson，1858—1931）是新型“效率工程师”的代表人物。他在管理思想上的贡献主要有两点。

(1) 直线和参谋组织。埃莫森不赞同泰勒的职能工长制，他借鉴普鲁士军队总参谋的组织形式，提出在企业中采用直线和参谋组织。在每个企业中设一位“参谋长”，下设四个主要的参谋小组：第一组负责人事和福利问题，第二组负责机器、工具等问题，第三组负责采购、储存、分发和搬运等问题，第四组负责标准、记录、会计、方法等问题。参谋人员负责向直线管理人员提供意见，直线管理人员负责统一指挥。这样既能发挥专业参谋的长处，又不妨碍统一指挥。

(2) 效率的原则。埃莫森发表了《效率的 12 条原则》，具体是：明确规定目标，了解常识，向有能力的人请教，明确纪律，待人公平，可靠、及时、充分、持久的记录，加强工作调度，工作标准和日程表，标准化的生产条件，标准化的操作过程，书面作业指导，效率的奖赏。这 12 条原则付诸实施后取得了良好的效果。

5. 莫里斯·库克

莫里斯·库克（Morris Cooke，1872—1960）是科学管理的早期研究者之一，也是泰勒的亲密合作者。他的主要贡献是在非工业组织中传播和应用科学管理思想。

（1）把科学管理原理应用到高等学校。库克出版了《学院的效率和工业的效率》一书，指出了“近亲繁殖”（雇用自己本校的毕业生为教师）、管理不佳、各系自行其是、教师工资按资历来定、教授终身制等突出问题。建议教师应把更多的时间用于教学和研究，让助教来担任一些次要的工作，以便让高级人员多承担一些复杂工作。

（2）在市政管理中应用科学管理原理。1911 年，泰勒推荐库克担任费城市公共工程局局长。库克在担任局长的四年时间中，采用了一些高效率的新方法，在申诉处理、财务计划、装备更新、人事管理、公共关系等方面进行了多项改革，建立了职能管理组织，取得了显著成效。这表明，科学管理也适用于大学、市政等非工业部门。

（3）重视人的因素。在处理劳资关系方面，库克主张管理要人情化，在有关工资、定额、职工福利等事情上，可以同工会进行谈判，注意争取同工人的合作，并认为自己的任务就是在劳资双方敌对加剧时设法使他们团结起来。

（二）福特制及其对科学管理的贡献

亨利·福特（Henry Ford，1863—1947）是美国著名的汽车制造者，被大众普遍认为是大规模生产的第一位倡导者。福特制是指由福特首创的一套生产和管理制度。福特出生于美国一个农民家庭，最初是一个替别人跑腿的小伙计，后来当过机械师的学徒、修表工与机械工。1893

年，他开始试制使用汽油的汽车，1896 年制造出他的第一部汽车。1899 年，福特创建底特律汽车公司，虽然这个公司很快以破产告终，但福特确信自己的商业潜力。1903 年福特与别人合伙建立福特汽车公司，他本人担任总经理；1919 年他收购了其他人在公司中的股份，进行独资经营。1908 年，福特的 T 型车诞生。1908—1927 年，福特生产了 1500 万辆 T 型车。

福特并没有直接接触泰勒的科学管理理论，事实上他没有照搬任何人的理论，但福特制在生产和管理的实践中实现了许多科学管理的原理。

1. 制造方式标准化

在完成 T 型车的标准设计后，福特考虑的是如何用最好的方法制造这种汽车，他们采用的是标准化的制造方式。首先是把产品分解为各个部件，并把这些部件按最优的标准予以标准化；然后是把制造这些部件的生产过程分解成为各个作业，并把这些作业按照最好的条件予以标准化。在汽车这种部件繁多的产品中采用可以互换的标准部件，是福特公司的创举。

2. 流水式装配线

随着 T 型车的订货单大量涌来，福特汽车公司尽管想尽办法提高生产效率，仍然满足不了市场的需要。缩短搬运材料和部件的时间，成为增产的关键。福特汽车公司发明自动搬运材料和部件的由传送带组成的流水式装配线。

3. 把服务大众作为宗旨

福特经常说，他创办汽车工厂是以服务大众为宗旨，“为大众制造汽车……它将以极低的价格使没有高工资的人也可以拥有它，……每个人都能负担得起，而且每个人都可以拥有一辆”。由于福特汽车公司采用标准化和流水式装配线等先进措施，汽车的价格逐年下降。1924 年已降为 290 美元，福特共销售了 125 万辆 T 型汽车，到 1928 年的累计产量达到

1500 万辆。福特认为，自己工厂的工人也应该是大众车的用户，他采取措施大幅提高工人的工资。1914 年，他宣布自己工厂的工人每天最低工资为 5 美元（当时美国汽车行业中工人的平均工资为每天 2.34 美元），并将每天的工作时间缩短为 8 小时。福特认为，这样做的好处是，既能吸引和留住最优秀的工人，又能使工人有较多的金钱去购买包括汽车在内的工业品，从而扩大了工业品市场。福特还在工人中实行利润分享计划，极大地提高了生产率。

4. 建立人事部门，关心员工生活

1914 年，福特在公司中成立了一个名为“社会学部”的人事部门，雇用 100 名调查员（又称“顾问”）去查看工人的家，“以确保他们的家是整齐干净的，他们饮酒不过量……并确保他们的空闲时间用在有益的事情上”。福特还设立了设备完善的、拥有专职人员的医疗部门和福利部门，为工人开办职业学校，从 1926 年开始实行每周 5 天的工作制度。

（三）拔佳制及其对科学管理的贡献

拔佳制是由拔佳（Tomas Bata）在学习福特管理思想的基础上发展起来的一种符合科学管理精神的管理制度。拔佳出生于奥匈帝国的摩拉维亚，1904 年他创建了制鞋厂，多次去美国接受培训并工作，认真学习了福特的管理思想，坚持和发展了福特的管理思想，并将其运用到自己的企业中，从而形成了具有自己特点的管理思想。

拔佳制的主要特点：不强调劳动分工而重视劳动整体化，高度的工艺技术，实行全面质量管理，不断创新和提高质量，工作小组和车间自治，利润分享，工人参与和共同决定，明确规定职责，实施弹性战略，弹性组织结构，有效的自动化，极为重视人的因素，把知识用作资本，等等。

拔佳制的基本原则：第一，让工人思维，让机器工作。第二，建立自己的供产销系统和全球经营战略。第三，顾客是企业的主人，为公众服务。第四，生产和利润不是目的，而是改善职工生活的手段。第五，提高职工的生活质量是企业的首要职责。

实行拔佳制后，拔佳的企业取得了很大的成功，其出生地摩拉维亚从一个贫穷闭塞的小村庄变为世界制鞋业的中心。

四、科学管理理论对我们的启示

科学管理理论对我们有以下几个方面的启示。

第一，实践的需要是管理创新的力量源泉。每一项管理创新都是在解决实际问题中实现的。泰勒的科学管理理论正是基于解决生产低效率、劳资矛盾加剧、工人收入低等现实问题而创造出来的。因此，管理者要坚持问题导向，锲而不舍地破解实践中的难题，思想理论创新就是在这一过程中实现的。

第二，管理者只有深入实际才能有所发现、有所创新、有所贡献。从泰勒等人对管理思想的探索过程不难发现，只有深入实际、了解情况，才能发现问题、找到原因、提出办法，最后形成具有创造性、科学性的理论成果、思想智慧。因此，我们无论从事什么工作，都要坚持深入实际、理论联系实际、求真务实的作风和实事求是的科学态度，这既是一种工作作风，也是宝贵的管理品格。

第三，科学精神是管理从经验走向科学的根本保证。泰勒与数学教师巴思的配合破解了管理中的数学问题，弗兰克·吉尔布雷斯与妻子莉莲·吉尔布雷斯联手实现了心理学在管理中的运用，充分体现了实证精神与理性精神的统一，这正是科学精神的本质。我们学习泰勒的科学管理理论，最重要的就是学习泰勒、巴思、吉尔布雷斯等管理前辈的科学精神，他们基于事实，坚持科学实验的实证精神，同时运用相关学科知识将实验资料加以理性整理和诠释，将实证精神与理性精神相结合，从而创造了科学管理理论。这种科学精神实际上也是人的价值所在，因为它提升了人的素质，升华了人的精神生命，把人直接导向自由。从这个意义上可以说，科学精神是科学的生命，也是人的生命，这应该是我们学习科学管理理论的最大启示。

第六章

古典组织理论

Management

Thoughts: Development and Reference

古典管理理论是对从20世纪初到20世纪30年代众多管理学家的管理理论的高度综合与概括。在这些管理学家中，具有代表性的就是“科学管理之父”泰勒、“管理理论之父”亨利·法约尔以及“组织理论之父”马克斯·韦伯。

一、亨利·法约尔的古典组织管理理论

泰勒的科学管理开创了西方古典管理理论的先河。继泰勒制之后形成的组织理论，研究的中心问题是组织结构和管理原则的合理化以及管理人员职责分工的合理化，其中影响最大的是亨利·法约尔及其一般管理理论。

（一）亨利·法约尔的生平简介

亨利·法约尔（Henri Fayol，1841—1925）1841年出生于法国一个富裕的资产阶级家庭。1860年大学毕业后进入采矿冶金公司，从采矿工程师到矿井经理直至公司总经理，由一名工程技术人员逐渐成为专业管理者。他对全面管理工作有深刻的体会和了解，把企业作为一个整体来研究，对社会上其他行业的管理做过广泛的调查，积累了丰富的管理经验，逐渐形成了自己的管理思想和管理理论。他一生中写了很多著作，在75岁时发表了他的划时代名著《工业管理与一般管理》，对管理学的形成和发展做出了巨大贡献，是古典管理理论的创始人之一。

（二）亨利·法约尔的管理思想

法约尔认为，泰勒的科学管理理论同他的理论是相互补充的，因为他们都努力通过不同的分析方法来改进管理。泰勒的研究是从“车床前的工人”开始，重点内容是企业内部具体工作的效率；法约尔的研究则是从“办公桌前的总经理”出发的，以企业整体作为研究对象。

1. 法约尔的组织管理理论

法约尔第一次明确区分了“经营”和“管理”的概念。法约尔认为，“经营”和“管理”是两个不同的概念，“经营”是指导或引导一个组织趋向某一既定目标，它的内涵中包括了管理，而管理包括在经营之中。经营职能可以概括为六种：第一，技术活动（指生产、制造、加工等活动）；第二，商业活动（指购买、销售、交换等活动）；第三，财务活动（指资金的筹措和运用等活动）；第四，安全活动（指设备维护和职工安全等活动）；第五，会计活动（指货物盘存、成本统计、核算等活动）；第六，管理活动。法约尔明确指出，在这六种基本活动中，管理活动处于核心地位，即企业本身需要管理，其他五项活动也需要管理。法约尔所说的“经营”和“管理”活动之间的关系如图 6–1 所示。

法约尔对管理的定义：管理是普遍的一种单独活动，有自己的一套知识体系，由各种职能构成，是管理者通过完成各种职能来实现目标的一个过程。

法约尔把管理活动分为计划、组织、指挥、协调与控制五大职能，也称为管理的五要素。

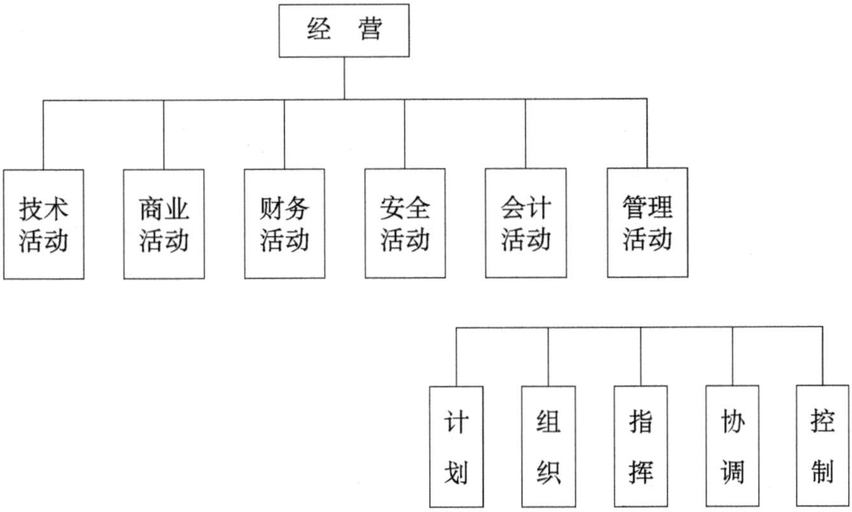

图 6–1 “经营”与“管理”的关系

（1）计划。管理人员要尽可能准确地预测企业未来的各种事态，确定企业的目标和实现目标的步骤，既要有长远的指导计划，也要有短期的行动计划。

（2）组织。确定执行工作任务和管理职能的机构，由管理机构进一步确定完成任务所必需的机器、物资和人员。

（3）指挥。对下属的活动给予指导，使企业的各项活动互相协调配合。管理人员要树立良好的榜样，全面了解企业职工的情况以及职工与企业签订合同的情况。管理人员应与下属人员经常交流并对其进行考核，对不称职的人员应立即解雇。对组织结构也应经常审议，依据管理的需要随时进行调整和改组。

（4）协调。协调企业各部门及各个员工的活动，指导他们走向一个共同的目标。

（5）控制。确保实际工作与规定的计划、标准相符合。

管理的五大职能并不是企业管理者个人的责任，它同企业经营的其他五大活动一样，是分配于领导人与整个组织成员之间的工作。

2. 法约尔提出的 14 条管理原则

法约尔还提出 14 条管理原则，具体内容如下。

（1）分工。法约尔认为，劳动分工是各个机构和组织前进和发展的必要手段，属于自然规律的范畴，其目的是付出同样的劳动得到更多的东西。

（2）权力与责任。法约尔认为，权力即“下达命令的权力和强迫别人服从的力量”。权力可分为职务权力和个人权力。职务权力是由职位产生的，个人权力是由个人的个性、经验、道德品质以及能使下属努力工作的其他个人特性而产生的权力。个人权力是职务权力不可缺少的条件；出色的管理者要用个人权力来补充职务权力的不足，权力与责任必须统一。有责任必须有权力，有权力就必然产生责任。

（3）纪律。任何组织都必须有统一的纪律以规范人的行为。纪律的实质是遵守公司各方达成的协议。要维护纪律就应做到以下几点：协议明确而公正；各级领导要称职；在纪律遭到破坏时，要采取惩罚措施，但制裁要公正。

（4）统一命令。一个员工在任何活动中只应接受一位上级的命令，违背这个原则，权力和纪律就会遭到严重的破坏。

（5）统一领导。为达到同一目的而进行的各种活动，应由一位首脑根据一项计划开展，这是统一行动、协调配合、集中力量的重要条件。

（6）员工个人要服从整体。整体利益大于个人利益的总和。一个组织谋求实现总目标比实现个人目标更为重要。

（7）人员的报酬要公平。法约尔认为，报酬是人们服务的价格，报酬必须公平合理，尽可能使职工和公司双方满意。对贡献大和活动方向正确的职工要给予奖赏。

(8) 集权。这条原则主要讨论了管理的集权与分权的问题，分权是提高下属作用或重要性的做法，而集权就是降低下属作用的做法。集权的程度应视管理人员的个性、道德品质、下级人员的可靠性以及企业的规模、条件等情况而定。

(9) 等级链。等级链即从最上一级到最下一级各层权力联结成的等级结构。它是一条权力线，用以贯彻执行统一的命令以及保证信息传递的秩序。依据这条路线来传递信息，对于各层统一指挥是非常重要的，但它并不是最快的途径。为了解决这一矛盾，法约尔设计了著名的“跳板原则”，如图 6–2 所示。

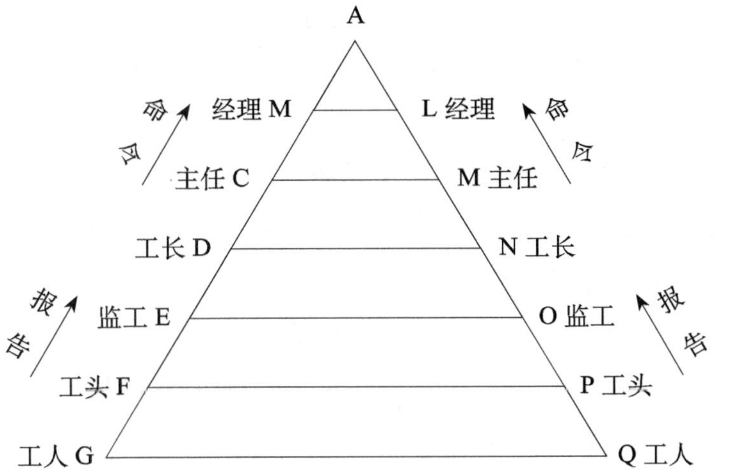

图 6–2 法约尔的“跳板原则”

在图 6–2 中，A 代表这个组织的最高领导，按照组织系统，工头 F 与工头 P 之间发生了需要两者协商才能解决的问题，这时不必层层上报，可以直接商议解决问题，再分头上报。这样可以提高效率，减少高层管理者的日常琐事。

（10）秩序。人和物必须各尽其能、各尽其用。秩序包括物的秩序和人的秩序。管理人员首先要了解每个工作岗位的性质和内容，使每个工作岗位都有称职的职工，每个职工都有适合的岗位；同时管理人员还要有条不紊地精心安排物资、设备的合适位置。

（11）平等。平等是由善意与公道产生的。平等就是以亲切、友好、公正的态度严格执行规章制度。职工受到平等的对待后，会以忠诚和献身的精神去完成他们的任务。

（12）人员保持稳定。人员的稳定对于工作的正常进行、活动效率的提高是非常重要的。最高层管理人员应采取措施，鼓励员工尤其是管理人员长期为公司服务。

（13）主动性。给人以发挥主动性的机会是一种强大的推动力量。必须大力提倡创新的精神，鼓励职工认真思考问题，当然员工的主动性要受到等级链和纪律的限制。

（14）集体精神。员工团结，关系融洽，可以使企业产生巨大的力量。培养集体精神最有效的手段是统一命令。在安排工作、实行奖励时不要引起嫉妒，以避免破坏融洽的关系。

法约尔强调，管理是工商企业、政府甚至家庭中所有涉及人的管理的一种共同活动。他认为，人的管理能力可以通过教育来获得。

3. 法约尔法则和管理工具

法约尔法则是指法约尔依据其担任矿业公司总经理多年的经验提出的一项法则，内容如下。

（1）实际操作者所必需的最重要的能力是技术能力。

（2）管理阶层的工长、股长、科长等，随着其在管理阶层中地位的提高，所必需的管理能力的重要性逐渐增强，而技术能力的重要性逐渐减弱。

（3）高层经理人员所必需的最重要的能力是管理能力。

管理工具，或称之为管理技术，是实现管理原则的手段。法约尔提出的管理工具主要有以下五项。

(1) 计划——行动计划。行动计划指出所要达到的结果、应该遵循的行动路线和阶段、所使用的手段等。经营管理人员要想拟订良好的行动计划，并且使之得到很好的贯彻，就要求经营管理人员具有六个方面的条件：第一，要具有管理人的艺术；第二，要有工作的积极性；第三，要具有道德的勇气去承担任何风险责任；第四，领导人员要相对稳定；第五，要具有专业能力；第六，要具有处理事务的一般知识。

(2) 组织——组织图和参谋机构。组织图能够清晰地展示组织的全貌以及各个部门的职责范围、阶层组织中各个阶层的地位等。企业中的参谋机构主要是指秘书、顾问、咨询委员会、研究室、实验室等，是全面领导者不可缺少的管理工具，他们只接受全面领导者的命令，只对全面领导者负责。为了不破坏统一指挥原则，法约尔强调参谋机构对下没有指挥的职权。

(3) 指挥——“架桥”。按照等级系列原则和统一指挥原则形成的直线组织，信息传达的路线有时特别长。为了克服这种缺陷，担任日常业务的各个部门的负责人可以由上级授权进行指挥，这同泰勒所讲的“例外原则”的思想也是相符的。

(4) 协调——部长、科长会议。由各个部门的部长和科长每周举行例会是部门之间进行协调的一种很好的办法。在这种会议上，各个部门以整个企业的行动计划为依据，交流信息，提出问题，讨论并决定行动方案。领导者的素质和技能决定了这种会议的成功与否。

(5) 控制——监督员。企业规模庞大，需要监督的事务范围广且复杂的场合，有必要配备专门的监督员或监督组织。监督的内容包括：监督与检查所有的作业和经营管理活动是否按照计划、命令和管理原则进行，组织和协调等职能是否在正确地运行。

综上所述，法约尔关于管理过程和管理组织理论的开创性研究，特别是关于管理职能的划分以及管理原则的描述，对后来的管理理论研究具有深远的影响，后人称他为“管理过程之父”。

二、马克斯·韦伯的行政组织理论

（一）马克斯·韦伯生平简介

马克斯·韦伯（Max Weber，1864—1920）出生于德国的一个富裕家庭，他的父亲曾任普鲁士下院议员、帝国议会议员。他从小受到了良好的教育，对经济学、社会学、政治学、宗教学有着浓厚的兴趣。韦伯于1882年进入海德堡大学学习法律，1889年通过博士论文《中世纪贸易公司的历史》，1891在柏林大学教授罗马法、日耳曼法及商法。1894年应弗莱堡大学聘请出任经济学教授，1896年转任海德堡大学政治科学教授。1910年，韦伯参与创立德国社会学学会。1919年发表著作《帝国总统制》，力主德国今后应实行总统制而放弃原先的议会政体主张；同年5月韦伯参与凡尔赛和谈德国代表团顾问工作，并参与制定战后德国新宪法《魏玛宪法》。

韦伯与泰勒、法约尔是同时代人，是古典管理理论在德国的代表人物。韦伯对社会学、经济学、历史、宗教等诸领域的许多问题都有自己的新观点和独到的见解，这有助于人们了解19世纪德国的家族企业资本主义以及当时在欧洲出现的大规模工业组织同政府之间的关系。韦伯在管理思想上的最大贡献是，提出了“理想的行政集权制理论”。因为他对古典组织理论的杰出贡献，被人称为“组织理论之父”。

（二）马克斯·韦伯的行政组织理论的主要内容

韦伯是现代社会学的奠基人，他的观点对社会学家和政治学家都有着深远的影响。他研究了工业化对组织结构的影响；他不仅研究组织的行政管理，而且广泛地分析了社会、经济和政治结构。韦伯指出，任何组织都必须以某种形式的权力为基础，这样才能实现目标。只有理性——合法的权力才宜于作为理想组织体系的基础。

韦伯的行政组织理论可以分成两个部分。

1. 理想的行政组织

韦伯的行政组织理论产生的历史时期，正是德国企业从小规模世袭管理到大规模专业管理转变的关键时期。韦伯认为，理想的行政组织是通过职务和职位来管理的。要使行政组织发挥作用，管理应以知识为依据进行控制，管理者应有胜任工作的能力，应该依据客观事实而不是凭主观意志来领导。

韦伯理想的行政组织体系有以下几个特点。

(1) 明确的分工。每个职位的权力和责任都应有明确的规定。

(2) 自上而下的等级系统。组织内的每个职位，按照等级原则进行法定安排，形成自上而下的等级系统。

(3) 人员的考评和教育。人员的任用完全根据职务的要求，通过正式考评和教育训练来进行。

(4) 职业管理人员。管理者有固定的薪金，有明文规定的升迁制度，是一种职业管理人员。

(5) 遵守规则和纪律。管理者必须严格遵守组织规则和纪律。

(6) 组织中人员之间的关系。组织中人员之间的关系完全以理性准则为指导，不受个人情感的影响。

2. 韦伯对权力的分类

韦伯认为，任何组织都必须以某种形式的权力为基础，没有某种形式的权力，任何组织都不能达到自己的目标。人类社会存在三种为社会所接受的权力。

（1）传统权力。传统惯例或世袭得来。韦伯认为，人们对传统权力的服从是因为领袖人物占据着传统所支持的权力地位，同时领袖人物也受着传统的制约。事实上，人们对传统权力的服从并不是以与个人无关的秩序为依据，而是在习惯义务领域内的个人忠诚。领导人的作用似乎只为了维护传统，因而效率较低，不宜作为行政组织体系的基础。

（2）超凡权力。来源于别人的崇拜与追随。韦伯认为，超凡权力的合法性完全依靠对于领袖人物的信仰，他必须以不断地创造奇迹以及英雄之举赢得追随者。由此可见，超凡权力带有浓重的感情色彩并且是非理性的，不是依据规章制度，而是依据神秘的启示。所以，超凡的权力形式也不宜作为行政组织体系的基础。

（3）法定权力。理性——法律规定的权力。韦伯认为，只有法定权力才能作为行政组织体系的基础，其根本的特征在于它提供了慎重的公正。原因在于：①管理的连续性使管理活动必须有秩序地进行。②以“能”为本的择人方式为其奠定了理性基础。③领导者的权力并非无限，应受到约束。

有了适合于行政组织体系的权力基础，韦伯勾画出理想的官僚组织模式，它具有下列特征。

（1）组织中的人员应有固定的、正式的职责，并依法行使职权。组织是根据合法程序建立的，应有明确的目标，并依据这一套完整的法规制度组织与规范成员的行为，以期有效地推进并达到组织的目标。

（2）组织的结构是一层层控制的体系。在组织内，按照地位的高低规定成员间命令与服从的关系。

（3）人与工作的关系。成员间的关系只有对事的关系而无对人的关系。

（4）成员的选用与保障。每一职位根据其资格限制（资历或学历），按照自由契约原则，经公开考试合格予以使用，务求人尽其才。

（5）专业分工与技术训练。对成员进行合理分工并明确每人的工作范围及权责，然后通过技术培训来提高工作效率。

(6) 成员的工资及升迁。按职位支付薪金，并建立奖惩与升迁制度，使成员安心工作，培养其事业心。

韦伯这种强调规则、能力与知识的行政组织理论为社会发展提供了一种高效率、合乎理性的管理体制。现在管理理论中普遍采用的高、中、低三层次管理就是源于他的理论。韦伯的理想行政组织体系自出现以来得到了广泛的应用，它已经成为各类社会组织的主要形式。

三、综合古典管理理论

古典管理理论通过泰勒、法约尔和韦伯等人的努力已经初具规模。由于他们对管理问题的认识和研究的角度各不相同，需要有人对它进行整理和综合。经过综合整理的古典管理理论，我们称之为综合古典管理理论。完成对这种理论的综合整理、传播、系统化并使之发展的，是英国的林德尔·厄威克和美国的卢瑟·古利克两人。

（一）综合古典管理理论的代表人物

1. 林德尔·厄威克

林德尔·厄威克（Lyndall F Urwick，1891—1983）出生于1891年，毕业于英国牛津大学，是英国著名的管理学家。曾长期担任英国一家管理公司的董事长。1928—1933年担任国际管理协会（在日内瓦）首任会长。在任职期间，厄威克因工作需要经常在美国进行活动，对美国企业管理理论的发展影响很大。后来，他担任厄威克和奥尔合伙有限公司的董事长，并在伦敦从事管理咨询公司的工作，直至退休。厄威克退休后定居澳大利亚，继续从事管理方面的研究工作。他一生著书很多，主要有《管理科学论文集》（1937 年，合编）、《管理的要素》（1944 年）、《组织的科学原则》（1938 年）、《组织中的委员会》、《行政管理原理》（1944 年）。

2. 卢瑟 · 古利克

卢瑟 · 古利克（Luther H Gulick）出生于 1892 年，是美国著名的管理学家，曾任哥伦比亚大学公共管理研究所所长，担任过多种管理方面的公职，参加过罗斯福总统的行政管理委员会。古利克对古典管理理论的综合集中体现在他与厄威克共同编辑出版的《管理科学论文集》（1937 年）一书中。古利克的其他著作还有《组织理论评论》《科学、价值观和公共管理》等。

（二）综合古典管理理论体系及其内容

泰勒、法约尔、韦伯分别从三个不同的方面将古典管理理论的大厦建立起来，即从个人、组织和社会的角度来解决整个资本主义社会宏观和微观的管理问题，为资本主义解决劳资关系、生产效率、社会组织等方面的问题，提供了管理思想的指导及科学理论方法，形成了古典管理理论体系，如图 6–3 所示。

厄威克认为，控制职能就是运用指挥原则，支配与监督下属的活动。他将控制职能进一步细分为三种派生的职能，即配备人员、选择安排、纪律和训练。与此相适应，他将指挥原则也分为三项派生原则，即集中、报酬和公平。最后他从对古典管理理论的综合中总结出管理的直接结果是秩序、稳定、主动性和集体精神。

厄威克在其早年的著作中提出适用于一切组织的八项管理原则。

（1）目标原则，即所有的组织都应该有一个目标。

（2）相符原则，即权力与责任必须相符。

（3）职责原则，即上级对直属下级工作的职责是绝对的。

（4）组织阶层原则，从组织最高层到工作人员要形成明确的权力系统。

(5) 控制幅度原则，即每一个上级所管辖的相互之间有工作联系的下级人员不应超过 5 人或 6 人。

(6) 专业化原则，即每个人的工作应该限制为一种单一的职能。

(7) 协调原则，组织的目的是协调一致推动工作。

(8) 明确性原则，即对每项工作都要有明确的规定。

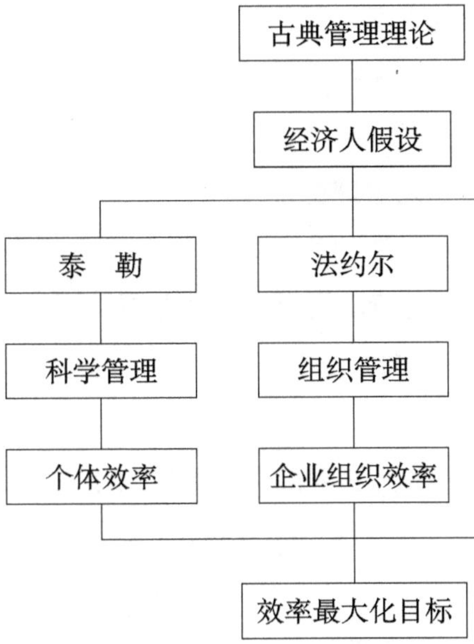

图 6-3　古典管理理论体系

厄威克还是组织设计论的主要代表人物。组织设计论是为了有效地实现组织的经营目的而探索应该如何设计组织结构。厄威克曾在《作为一个技术问题的组织》一文中指出，“组织原理是研究划分旨在实现目的的各种活动和职务，并落实到个人，再对每个人的活动进行调节和控制的方法”，以便最经济、最有效地实现目的。组织设计论认为，管理是为实现经营目的服务的，组织是为管理服务的。组织规定其成员的各种职务的相互关系，以便更有效地经营管理。

（三）综合古典管理理论的基本原则

在综合泰勒、法约尔、韦伯的具有代表性的管理思想后，古利克和厄威克结合自己的认识，概括出管理的八项原则。

1. 为组织机构配备合适的人员

必须没有任何倾向性地确定各项组织机构，然后采取步骤为组织机构配备合适的人员。

2. 一个最高的主管或一个人管理的原则

一个最高的主管或一个人管理的原则即不要用委员会来进行管理。因为委员会机构不可避免地具有行动迟缓、笨重累赘、铺张浪费、效率低下等特点，而且不容易同其他机构合作。

3. 统一指挥

如果违背统一指挥原则必然会引起混乱，导致效率低下和无人负责的状况。

4. 专业参谋和一般参谋

古利克和厄威克主张加强职能部门或参谋部门。除了专业参谋以外，还需增加一般参谋，以便帮助最高主管人员承担指挥、控制和协调职责，他们不以自己的身份而只是作为上级的代表来指挥。

5. 工作部门化原则

组织中的各项工作分配给各个部门，可依据以下四种分类方法。

（1）依据组织的目标来实行部门化，使各个部门的划分和建立有利于实现组织的统一目标及完成共同的任务。

（2）依据作业来实行部门化，以便在同一部门中从事相同的作业或使用相同的设备。

（3）依据所服务或涉及的人或事来实行部门化。

（4）依据地区来实行部门化。在实行部门化时，为了取得最大的效率以及有效地实现组织的目标，第一级的部门化可以按照地区标准，第二级的部门化可以按照作业标准或其他标准，第三级的部门化可以按照具体情况选择划分的标准。

6. 授权原则

领导者要能够把某些职权授予下级人员。缺乏恰当授权的勇气以及正确地进行授权的能力，是组织失败最常见的原因之一。授权是高级专管人员有效工作的最重要的条件之一。

7. 责权相符原则

只把责任加在某些管理人员身上是不适宜的，要把相应的权力赋予他，各级管理人员的责和权都必须相称且明确。被授予权力的人，要做好自己的工作，对下级的工作承担全部个人责任。

8. 控制幅度原则

控制幅度原则的精神实质是，一个主管人员直属的下级人员的人数应有一定的限度，这与心理学中所讲的注意幅度有关。古利克十分强调上级人员的个人特质、他同直属下级在地理上的距离、他的直属下级所执行任务的性质以及组织的稳定程度等因素。

人们在研究当时各种管理思想的时候，发现古典管理理论学家们有许多相同和相似之处，这就使人们相信管理存在统一的规律。

综上所述，厄威克和古利克在管理理论上的贡献并不在于他们自己创造了新的管理理论，而是对古典管理理论进行了必要的整理和综合。如果没有他们对古典管理理论的综合，也许很难有今天体系如此完整的管理理论。

四、古典组织理论对我们的启示

古典组织理论对我们有以下几个方面的启示。

第一，充分理解管理思想的科学性和相对性。学习管理思想史，了解了古典管理理论产生的过程，大家就会看到，管理思想是一个不断发展进步的过程，管理理论的科学性和真理性是相对的。管理大师们的个人经历对他们自身的眼界和态度具有很大的影响。作为工程师出身的泰勒，他的视角经常盯在技术层面和作业层面；作为总经理的法约尔经常关注的是组织整体的计划控制过程；作为参与国家经济、政治、法律、宗教研究的学者，韦伯则是面向整个社会去思考管理问题。因此，每个人的管理思想很难做到全面、客观、系统。正如法约尔所强调的，这些原则并不完整，也不是一成不变的，它不能回答特殊的问题。他不主张在实际工作中盲目地、刻板地套用这些原则，而主张结合具体管理情况灵活地应用这些原则。任何管理理论的科学性都是相对的、暂时的、有局限的，总是需要创新、发展和完善的，管理科学的探索永无止境。

第二，理论研究必须注重系统性和实用性。法约尔之所以被称为“过程管理之父”，就是因为他的管理理论不仅来源于实践，而且具有体系化和系统性，不仅有清晰明确的管理职能，而且有系统的管理原则，还有具体的管理工具，可以有效地指导实践，这是理论的价值和生命力所在。我们学习管理思想，开展理论研究，一定要注重理论的系统性和实用性，坚决克服华而不实的学风，坚持学以明理、学以致用、学以创新，勇于在新时代的管理实践中，发现问题、研究问题，善于总结、善于升华，创造性地推进管理科学的发展。要坚信，面对第四次工业革命的崭新实践，我们每个人都站在管理研究的同一起跑线上，实现管理创新对每个人都是机会均等的。

第三，管理者必须善于面向未来。计划就是着眼未来的。法约尔十分重视计划职能，尤其强调制订长期计划，这是他对管理思想做出的一个杰出贡献。在今天，面对剧烈变化的大环境，无论个人和组织，都需要面向未来、科学规划、未雨绸缪。正如法约尔说的那样，“管理能力可以通过教育来获得”。我们学习古典组织理论，就是要从中汲取智慧，提高管理能力，把计划的理念牢牢地确立起来，面向未来，积蓄能量，不打无准备之仗，在未来发展机遇面前成为“有准备的头脑”。

第七章

行为科学理论

Management
Thoughts: Development and Reference

在管理思想的发展进程中，行为科学理论的产生为管理思想的发展开辟了新境界。行为科学的创立聚焦对人的研究。梅奥等科学家通过霍桑实验首先建立了人际关系学说，比较系统地阐述了人在组织中的重要作用，以及如何发挥人的积极性、主动性和创造性问题。许多管理学家也从不同的侧面对行为科学理论进行了深入的研究和探讨，使行为科学理论逐步完善起来。

一、行为科学的产生和发展过程

概括地说，行为科学作为一种管理理论，始于 1924 年的霍桑实验，发展于 20 世纪 50 年代。前期以人际关系学说为主要内容，从梅奥的霍桑实验开始，到 1949 年在美国芝加哥讨论会上第一次提出“行为科学”的概念为止，由此开始了行为科学研究阶段。在 1953 年美国福特基金会召开的各大学科学家参加的会议上，正式定名为“行为科学”。

（一）行为科学产生的背景

行为科学的产生是社会矛盾和生产力发展到一定阶段的必然结果。行为科学的产生既有其政治背景，也有其经济背景和文化背景。

1. 行为科学产生的政治背景

第一次世界大战是资本主义国家之间矛盾空前尖锐的结果。这次世界大战削弱了资本主义的力量，再加上 1917 年俄国十月革命的胜利，使世界政治体系出现了全新的格局。1918 年第一次世界大战结束后，资本主义各国的战略调整使资本主义国家的政治局势激烈震荡：政治矛盾激化，阶级斗争和革命运动一度出现高潮。

由于企业在工资和利润分配上的矛盾，劳资双方经常发生冲突。企业主采用各种手段压榨工人，在劳动生产率提高时压低工资率，工人则采取“有组织的怠工”或罢工来对抗，劳资关系非常紧张，矛盾一触即发。

此时，古典管理理论引起工人的不满和社会的责难。例如，泰勒的科学管理制度，由工程技术人员设计出科学的操作方法和工具，要求工人严格地照章执行，以此来提高劳动生产率；法约尔则从整个企业的角度推行科学的管理制度和方法，提出了一套管理理论和管理原则；还有韦伯的行政集权制理论；等等。它们的共同特点是强调科学性、精密性和纪律性，却很少注意到人的因素，把工人看成追求高工资的“经济人”、机器的附属品、“活的机器”，忽视了工人的社会需要和情感需要。这样，古典管理理论虽然在提高劳动生产率方面取得了很大的成绩，却激起了工人的反抗，它已经不能有效地平衡劳资关系，迫切需要新的理论加以调节。

2. 行为科学产生的经济背景

到了 1920 年 7 月，资本主义世界工业生产基本恢复到了第一次世界大战以前的水平，欧洲的生产能力迅速提升。然而，发了战争财的美国其生产能力很快过剩，欧洲市场对美国货物的需求大幅下降，产品过剩，破产企业增多，失业人数激增，开始爆发经济危机。危机下物价急剧下跌，社会矛盾凸显。这次经济危机造成的后果特别严重，它延续的时间虽然不到半年，但以其猛烈、全面和深刻性显示出战后资本主义经济危机的不可克服性。毕竟美国没有受到第一次世界大战的影响，在大战中反而得到数以百亿美元的巨额利润，美国的垄断资本积极推动产业的合理化，尽可能地采用各种新的机器设备和自动化装置，实行标准化和规模生产来提高生产效率，使经济危机很快渡过。到了1929年，美国在资本主义世界工业生产中的比重达到了48.5%。尽管经济增长较快，但新老工业之间发展极不平衡，企业经常开工不足，存在大量的失业后备军，生产量的增加高于贸易额的增加，国际和国内市场容量小于产能，经济危机的因素快速地增长起来。这就为行为科学的产生奠定了社会经济基础。

3. 行为科学产生的文化背景

劳动者的生活停留在或低于战前水平。1913—1929年加工工业中的劳动生产率提高了65%，工人的实际工资只增加了26.1%，对工人的剥削高达200%；垄断资本残酷剥削的结果，使美国社会中的贫富悬殊现象更为触目惊心，87%的普通群众仅占有国民财富的10%。经济危机频繁爆发，失业人数增加，劳资矛盾加剧，使得企业主感到单纯运用古典管理理论已不能有效地控制工人及增加利润了。资本家为了摆脱危机，充分利用泰勒的科学管理原理加紧对工人的剥削，而工人反抗资本家的斗争越来越激烈，资产阶级的学者纷纷开始寻找答案，对传统的经济学理论进行反思：亚当 · 斯密的自由放任的经济理论在资本主义高速发展时期是否还管用？泰勒的科学管理理论在管理工人方面的效能是否还能够持续下去？反思的结果是：在经济学方面，凯恩斯主义的兴起为资本主义持续发展开出了“药方”；在管理学方面，梅奥开辟了行为研究的方向，行为科学在霍桑实验后日益兴盛起来。

（二）行为科学早期研究的代表人物

其实，在霍桑实验之前就有一些管理学家对人的心理和行为做了一些研究，并建立起工业心理学，对管理学的发展起到很大的推动作用，只不过在当时没有成为古典管理理论的主流。他们是人际关系学说和行为科学的先驱者，是传统管理理论同行为科学之间的桥梁，主要有以下代表人物。

1. 玛丽·帕克·福莱特

玛丽·帕克·福莱特（Mary P Follett，1868—1933）是美国的管理学家和政治哲学家。1920 年发表《新国家》一书，由此人们认为她是一位政治哲学家，之后，她对企业管理和工业组织产生更大兴趣，这促使她进一步研究，成为许多企业的咨询人员，提出许多关于组织和人际关系方面的宝贵意见，受到管理学者的好评。她的主要著作有《新国家》（1920 年）、《动态的管理》（1941 年）、《自由和协作》（1949 年）等。从福莱特生活的时期来讲，属于科学管理时期，她的有关利益结合、形势规律的论述同泰勒的心理革命、职能管理的精神是一致的。从她的政治哲学和管理哲学的主要倾向来看，又属于"社会人"时期，她关于协作、相互影响等论述同人际关系学说创始人梅奥等人的论点相似。因此可以说，她把这两个时期联系了起来，成为两者之间的过渡。

2. 雨果·芒斯特伯格

雨果·芒斯特伯格（Hugo Munsterberg，1863—1916）是原籍德国的美国心理学家，工业心理学的创始人之一。他先后出版了《心理学和工业效率》（1913 年）、《一般心理学和应用心理学》（1914 年）、《企业心理学》（1918 年）等著作。芒斯特伯格是最先提出心理学能应用于工业以提高劳动生产率的心理学家，并最早确定了工业心理学的范围和方法。他指出，当时美国有两种意义重大的社会运动，即为学校毕业生提供选择职业的指导以及工商业中的科学管理。心理学对这两种社会运动都可以做出贡献。他还指出，心理学家在工业中的作用应该是帮助发现最适合于做某项工作的工人，决定每个人在什么样的心理状态下能达到最高产量，帮助人们在思想中形成最有利于企业利益的状态。经过他和其他一些人的努力，于 1920 年左右，工业心理学作为管理学科的重要组成部分最终建立起来。

3. 保罗·索利尔

保罗·索利尔（Paul Sollier，1861—1933）是比利时心理学家，也是工业心理学的首创人之一。他的代表作是《应用心理学：研究工作中人的因素的技术的导论》。该书他没能完成，在他去世以后，由他的同事和后继者乔斯·德布拉斯续成，于1933年出版。此外，他还发表了论文150多篇，许多是讨论工业中人的因素的。欧洲大陆于20世纪20年代开始将心理学应用于工厂的工人中。当时，一方面是生理学的应用，另一方面是心理学的应用，两者结合起来形成了欧洲大陆的应用心理学，在英语中叫作工业心理学或职业心理学。

索利尔在比利时开创了职业指导和选择、作业者训练、成绩评价以及工业心理学的其他一些领域，对发展和传播工业心理学做出了较大贡献。

4. 沃尔特·迪尔·斯科特

沃尔特·迪尔·斯科特（Walter Dill Scott，1869—1955）是美国心理学家，工业心理学的奠基人之一。他擅长对人事管理的研究，先后出版了《提高人的效率》（1911年）、《广告心理学的理论和实际》（1921年）、《人事管理：理论、实务和观点》（1923年，与克洛西尔合著，曾多次修订再版）等著作。作为工商业心理学（包括广告和人事管理）的开创者，他认为企业管理当局在很长时间内都忽略了管理中人的因素，以致对职工的管理不能与技术进步相适应，二者不能同步发展。由于人事管理不善，工人的工作效率远低于正常的水平。他特别关心职工在生产中的态度和激励问题，以及暗示对职工行为的影响。他在1910—1911年发表了一系列总题为《工商业心理学》的文章，以工商业中的实际案例为依据，最早把心理学应用于工业中的激励和生产率提高等问题中，把心理学基本原理应用于工商业的经营管理方法中，促进了管理心理学的发展和完善。

5. 查尔斯·迈尔斯

查尔斯·迈尔斯（Charles Samuel Myers，1873—1943）是英国的心理学家，工业心理学的先驱者，先后发表了《心理学在今日的应用》（1918年）、《英国的工业心理学》（1925年）、《工商企业合理化》（1932年）等著作。在他的积极努力下，1920 年英国全国实验心理学学会工业心理学会成立。该学会成立后就成为英国研究如何把心理学和生理学知识应用于工商业的中心，它的活动包括：研究理论，对个人和公司提供咨询服务；培训管理人员；通过报告、讨论和出版物传播信息，并建立了一个相关理论参考书图书馆。迈尔斯的视野不限于工业心理学，他认为工业心理学只是一种手段，应该为整个管理学科服务。他以此为目标，通过第一手材料掌握了泰勒和吉尔布雷斯在工业各个方向的原理，并为学会制定了广泛的规划。他在职业生涯的早期把心理学从课堂转移到实验室，在其职业生涯的后期又把心理学从实验室转移到办公室和工厂的现场。

6. 伯纳德·穆齐西奥

伯纳德·穆齐西奥（Bernard Muscio，1887—1926）是澳大利亚的心理学家，在澳大利亚和英国从事研究工作，是工业心理学的先驱者之一。他的著作主要有《工业心理学报告集》（1917 年）、《疲劳可以测定吗》（1921 年）、《职业指导：文献评述》（1921 年）等。他于 1917 年在澳大利亚出版《工业心理学报告集》一书，并于 1920 年在英国再版，成为英国自 1914 年以后第一本管理学教科书，其特点是重视人的因素，在当时引起了人们的注意。他参加了英国早期关于职业指导测验、疲劳衡量、动作研究等方面的调查研究。他和其他早期的工业心理学家的研究为以后对人的因素更深入的研究奠定了基础，提供了条件。

7. 本杰明·西伯姆·朗特里

本杰明·西伯姆·朗特里（Benjamin S Rowntree，1871—1954）是英国的企业家和管理学家，对企业中人的因素问题做了较多的研究和实践。他先后作为自己家族企业的劳工董事和董事长，在工厂中进行了关于改善工人生产和生活条件的试验，并为工人建立了一笔养老基金。他于 1919 年在工厂中实行每周 5 天、共 44 小时的工作周制，这在当时是前所未有的。他在 1927 年创建英国第一个管理研究团体。他的著作主要有《企业中人的因素：工业民主的试验》（1921 年）、《董事会和企业的目标》、《工业中的经济条件》等。朗特里在管理思想方面的贡献主要是重视人的因素，关心工人的福利，在工人教育、工时、工资等方面进行了许多改革，在推行科学管理、提高工效方面做出了贡献，在加强劳资双方的信息交流方面做了许多工作。他对以后的管理思想有较大的影响。

8. 奥利弗·谢尔顿

奥利弗·谢尔顿（Oliver Sheldon，1894—1951）是英国的管理学家。他强调管理中人的因素，并把人的因素同科学管理相结合。先后出版了《管理的哲学》（1923 年）、《作为一种职业的管理》（1925 年）、《经营和组织的职能》（1928 年）等著作。在管理思想上强调管理中人的因素以及对社会的责任。他指出，工业不是一堆机器和技术程序的集合，而是一个由人组成的整体；不是一个由物组成的复合体，而是一个由人组成的复合体。同时，他还强调管理的整体性以及管理作为一种独立的职业在社会上的地位，提出了管理哲学的 10 条基本原则。

（1）工业的存在，就是为了提供足够数量的商品和服务。

（2）工业管理必须由一些原则来制约。

（3）管理是独立于资本和工人之外的，可以分解为经营、管理本身、组织。

（4）管理维持工业的经济基础，又必须通过提高人和物两种因素的效率来达到社会的目标。

（5）管理运用科学方法，并开发工业中的人力资源。

（6）效率取决于组织结构，而组织结构的设计是以对所要做的工作和所用的设备的详细分析为依据的。

（7）管理活动分为四种职能：一是有关制造开始时的职能，如设计和配备装置；二是合理安排制造的实际作业的职能；三是使制造顺利进行的一些职能，如运输、计划、比较和人事；四是产品分配所必要的职能，如销售的计划和实行。

(8) 使工厂中的人和物得以经济地利用的科学方法有以下四种：一是各项管理活动中应用研究和衡量的方法；二是准备并规定每项工作的方法；三是制定一些基本标准和工作准则，以便切实而精确地规定所要达到的绩效；四是制定一些标准，以保证能以最经济的方法生产和管理。

(9) 对社会承担责任的政策要求在生产中对人的因素采取某些相应的措施。

(10) 通过各种标准的研究，建立起一种不同于工业中应用的科学技术的“管理的科学”，以便最终形成一种制约工业行为的法典。

9. 亨利 · 丹尼森

亨利 · 丹尼森 (Henry S Dennison，1877—1952) 是美国的企业家和管理学家，在注重人的因素和推行科学管理方面做出了较大的贡献，先后出版了《职工的利润分享和股权所有》(1926 年，合著)、《组织工程学》(1931 年)、《现代竞争和企业政策》(1938 年，合著) 等著作。他在管理思想方面的贡献主要体现在以下四个方面：一是重视管理中人的因素，主张通过提高职工的积极性来提高生产效率。二是主张不要先设计组织结构和任务，而应先找出“思想一致”的人组成小组，最后再发展成为整个组织结构。三是创办了交换管理信息的组织。他在 1924 年创办了一个“制造业者研究协会”，作为交换管理信息的中心。四是积极参加美国和国际的管理运动，并担任国际管理学会的副会长。他还获得了甘特奖章和泰勒钥匙奖。

10. 华莱士 · 克拉克

华莱士 · 克拉克 (W Clark，1880—1948) 是美国的管理学家和管理咨询工作者，在关心人和工人的工作条件、推广甘特图等方面做出了较大贡献。他的著作主要有《工长技术》(1921 年)、《甘特图》(1922 年)、《生产手册》(1944 年) 等。他主要继承和发展了甘特的管理思想，强调对人的关心，并注意改善工人的工作条件。其管理思想的宗旨是“消除妨碍工作流程通畅的所有障碍，自下而上地进行管理，不要把任何事物看成是静止的或不可能的”。他在美国和其他许多国家推广他的管理思想和方法，收到了较好的成效。他写的《甘特图》一书曾在14个国家中翻译出版。他曾获得甘特奖章和其他一些荣誉称号。

此外，对行为科学的早期研究比较有影响的还有甘特、哈特内斯、布卢姆菲尔德、蒂德、巴布科克、霍普夫、刘易森等人。

（三）行为科学的建立

1. 行为科学是由人际关系学说发展起来的

行为科学和工业心理学有密切的关系，后来又融入人力资源学派。今天的行为科学之所以成为根深叶茂的学科大树，在很大程度上得益于梅奥在1924—1932年进行的霍桑实验。该项研究的结果表明，工人的工作动机和行为并不仅仅为金钱收入等物质利益所驱使，他们不是“经济人”而是“社会人”，有社会性的需要。梅奥由此建立了人际关系理论，行为科学的前期也称为人际关系学。霍桑实验的结论及其影响，作为人际关系学说随着时间的推移而逐步扩大。1948年美国成立了全国性的工业关系研究会。到1949年，该学会在美国芝加哥召开的一次跨学科会议上，首先提出“行为科学”这一名称。福特基金会成立了行为科学部，次年建立了行为科学高级研究中心。在1953年美国福特基金会召开的各大学科学家参加的会议上，正式把这门综合性学科定名为“行为科学”，并在1953年拨款委托哈佛大学、斯坦福大学等高等学府从事行为科学的研究。随后洛克菲勒基金会、卡耐基基金会也相继拨款支持行为科学的研究。1956年美国出版了第一期《行为科学》杂志。自此以后，许多的管理学家、社会学家和心理学家从行为的原因、行为的特征、行为和环境、行为的过程等多个角度开展对人的行为的研究，形成了一系列的理论，使行为科学成为现代西方管理理论的一个重要流派，行为科学建立并逐步完善起来。其后，世界各国特别是发达国家纷纷展开有关行为科学的研究并加以应用，形成热潮，至今不衰。现代的管理心理学和组织行为学都是行为科学重要的组成部分。

2. 关于“行为科学”概念的不同理解

对“行为科学”这个词本身的含义，有着各种不同的解释，概括来讲有广义和狭义两种理解。广义上把行为科学解释为包括研究人的各种行为（以至于动物的行为）的多种学科，是一个学科群，而不单是一门学科，把它解释成社会科学的同义语。如 1982 年在美国出版的卡尔·海耶尔主编的《管理百科全书（第三版）》对行为科学的解释是：“行为科学包括用类似于自然科学的实验和观察的方法，对人（和低等动物）在自然和社会环境中的行为进行研究的任何学科。得到公认的行为科学有心理学、社会学、社会人类学以及在观点和方法上与之类似的其他学科。”这个定义把行为科学看作包括心理学、社会学、人类学在内的学科群。

狭义上把行为科学理解为运用心理学、社会学、经济学等学科的理论和方法来研究工作环境中个人和群体的行为的一门综合性学科，而不是一个学科群。如美国管理协会于 1970 年出版的《管理手册》中说，行为科学“运用心理学和社会学的理论、方法和技术，对管理中有关人的问题和人际关系的问题进行研究”。

3. 行为科学的定义

现在管理学中所讲的行为科学专指狭义的行为科学。为了区别于广义的行为科学，有些学者在 20 世纪 60 年代中期采用一个更有限制性的名称——组织行为学，来表示包括人际关系学说在内的狭义的行为科学，即对组织内部的行为进行研究的学科。这门学科研究人类行为产生的原因、人的行为动机和发展变化规律，目的在于有效地调动人的积极性，推动人类努力实现组织目标。研究个人与个人、个人与群体、群体与群体的关系，目的在于创造一个良好的工作环境，使人的主观能动性得以充分地发挥。因此，通常所说的行为科学多数是指狭义的行为科学，即指应用心理学、社会学、人类学及其他相关学科的成果，来研究管理过程中人的行为以及人与人之间关系规律的一门科学。

二、霍桑实验与人际关系理论的主要内容

霍桑实验在管理思想史上占有极其重要的地位，是管理思想的一个伟大的历史转折，给管理学的发展开辟了一个崭新的领域。行为科学也由此成为管理学的一个重要分支。从此，管理思想进入一个丰富多彩的新世界。梅奥等人于 20 世纪 20 年代后期、30 年代前期通过霍桑实验取得的成果创立了人际关系学说，随后从事这门学科研究的人大量涌现。

（一）梅奥与霍桑工厂的实验

乔治 · 埃尔顿 · 梅奥（1880—1949）是原籍澳大利亚的美国管理学家，主持了著名的霍桑实验，是早期行为科学—人际关系学说的奠基人。梅奥在早期的研究中就发现，工人的问题不能用任何一种单独的因素来解释，必须在“总体情况的心理学”中来探讨。梅奥把组织作为一个社会系统来看待。他曾经按照当时流行的观点，在一家纺织厂中研究工作条件和工人的工作成绩之间的关系问题。他引进了工间休息这个因素，由此把工人的流动率从 250% 减少到 5%，并提高了工作效率。他解释说，工间休息消除了工人的悲观情绪，提高了工人士气和生产率。他在 1926 年进入哈佛大学从事工业研究，不久就参加了霍桑实验，并于 1933 年出版了《工业文明的人类问题》一书，总结了霍桑实验前一阶段的工作。以后，他又断断续续地进行这项实验，直到 1936 年才结束，并

于1945年出版了《工业文明的社会问题》一书，进一步概括霍桑实验的成果，认为解释霍桑实验秘密的关键因素是小组精神状态的巨大变化。

1. 霍桑实验的历史背景

在20世纪20年代，由于科学管理理论的建立，资本主义国家中许多企业采取泰勒的科学管理，但劳资纠纷和罢工还是此起彼伏，这种情况促使管理学者深入研究决定工人劳动效率的原因。因此，在美国国家科学院全国研究委员会的赞助下管理学者开始了著名的霍桑实验。

实验是在位于美国芝加哥城郊的西方电器公司的霍桑工厂中进行的。霍桑工厂是一家拥有2.5万名工人的制造电话机的专用工厂，它设备完善，福利优越，具有良好的娱乐设施、医疗制度和养老金制度，但是工人仍然愤愤不平，生产效率也很不理想。到底是什么原因导致生产效率不能提高呢？有人认为是照明问题。为此，1924年，美国国家科学院全国研究委员会组织了一个包括各个方面专家在内的研究小组，对该厂的工作条件和生产效率的关系进行全面的考察和多种实验，其中一个主要的实验就是照明实验。该实验前后花了两年多的时间，从此拉开了著名的霍桑实验的序幕。

2. 霍桑实验的几个阶段

霍桑实验从1924年开始到1932年结束，在将近8年的时间内，前后经过两个回合。第一个回合是1924年11月至1927年5月，在美国国家科学院全国研究委员会的赞助下进行；第二个回合是1927年5月至1932年5月，在美国哈佛大学教授梅奥的主持下进行。广义的霍桑实验是指从1924年开始的实验，狭义的霍桑实验是指从1927年起梅奥主持下的实验。整个实验共分为四个阶段。

第一阶段：车间照明变化对生产效率影响的各种实验。

第二阶段：工作时间和其他条件对生产效率影响的各种实验。

第三阶段：了解职工工作态度的会见与交谈实验。

第四阶段：影响职工积极性的群体实验。

3. 霍桑实验的内容

在梅奥的主持下，从1927年5月至1932年5月，5年间在霍桑工厂进行的一系列实验对人际关系学说和行为科学的创立起了很大的作用。霍桑实验中影响最大的实验有以下几次。

（1）电话继电器装配实验。

这项实验的目的是了解影响工人工作效率的因素是什么。实验开始时，把12名女工分成两组，每组6人，分别在两个房间中工作。一个组叫作实验组，其照明条件和其他条件可以改变，以便进行实验；另外一组叫作控制组，其照明条件和其他条件始终不变，以便同实验组进行对比。开始时，两个组的照明度一样，以后逐步降低实验组的照明度。有一次，实验组的照明度甚至降到近似月光的程度，但实验组同控制组一样，产量都是一直上升的。而后又选择了改变工资报酬、工间休息、每日工作长度、每周工作天数因素进行实验。他们发现，把实验组从小组刺激工资制改为个人计件工资制，结果使产量大幅度增长。在上午10点和下午2点各休息5分钟，减少每人的工作时间和每周的工作天数，在工间休息时提供茶点，等等，这些变革无一例外地都使产量有所提高。

后来，他们取消在实验组推行的工间休息、茶点供应、每人工作时间和每周工作天数的减少等改革，只保留了个人计件工资制一项。结果，实验组女工的日产量和周产量继续上升，达到了一个前所未有的高度。以后，研究者又恢复了实验组的工间休息和茶点供应，这使得实验组的产量又有进一步的提高。从1924年11月到1927年，不论是工作条件改变的实验组还是工作条件不变的控制组，每个女工装配的电话继电器，从每周平均2400个增加到3000个，对于这种情况没有人能够解释。

梅奥从心理学的角度分析了结果。他认为，参加实验的女工产量增长的原因，主要是女工的精神方面发生了巨大的变化。参加实验的女工成为一个社会单位，引起人们越来越多的注意，并形成一种参与实验项目的感觉，因而情绪高昂，精神振奋。梅奥由此提出工业生活中的社会环境问题，打开了“社会人”研究的大门。

梅奥认为，工人是从社会的角度被激励和控制的。效率和士气的提高，主要是由于工人的社会条件以及人与人之间关系的改善，而不是由于物质条件或物质环境的改善。

这并不意味着物质条件对人没有影响，而是说企业管理当局必须既考虑到工人的物质技术方面，又照顾到其社会方面。梅奥等人由此得出结论，工作条件、休息时间以至于工资报酬等方面的改变，都不是影响劳动生产率的第一位的因素，而最重要的因素是企业管理当局同工人之间以及工人与工人之间的社会关系。

（2）访谈计划实验。

这项实验共对 2 万名左右的职工进行了访问和交谈，了解和研究职工对公司领导、保险计划、升级、工资报酬等方面的意见和态度。工人在做过这样的谈话以后，虽然工作条件没有改变，计件工资率也维持原状，但心理上觉得各种情况都改善了。这是由于他们把心中的不满“发泄”了出来，心情更为舒畅，因而感到情况改善了。梅奥等人对工人谈话中提出来的“不满”进行仔细分析以后发现，一般来说，这些“不满”的表现同它们背后隐藏的真实思想不是一回事。也就是说，在表示出来的对具体事情“不满”的背后，还有潜在的心理上的“不满”。例如，一个工人对他作业地区的噪声、温度和烟雾很“不满”。进一步的考察得知，原来这个工人的兄弟最近死于肺炎。还有一个工人表现出对计件工资率过低的“不满”。深入了解以后发现，这个工人心理上的“不满”是担心自己妻子的医药费无法偿还。实验的结果使企业管理当局认识到，必须对工厂管理人员进行训练，使他们能更好地倾听和了解工人的个人情绪和实际问题。管理人员被训练成为访谈者，多听少说。管理人员同工人接触时避免用说教的方式，多采取谈心的方式，这样就能更通情达理地处理工人的个人问题，找出妨碍工人提高生产率的原因，并想出恰当的办法来消除这些原因。

(3) 电话线圈装配工实验。

这是一项研究非正式组织的实验。实验选了14名男工，在一间观察室进行实验。这14名工人中包括9名绕线工、3名焊工、2名质量检验工。其中，绕线工和焊工分成3组，每组3名绕线工和1名焊工。两名检验工则负责检验工作。工人的工资报酬按照小组刺激工资制计算，以小组总产量为基础付酬给每个工人，以此强调他们在工作中要协作。实验发现，工人对“合理的日工作量”有明确的概念，而这个“合理的日工作量”低于企业管理当局拟定的产量标准。工人们为了平衡利益关系，他们制定了一个非正式的产量定额，并运用团体压力使每个工人遵守这个定额。所用的团体压力有讽刺、嘲笑、拍打一下等。工人都希望避免挫伤同伴的感情，采取各种手段来维持自己在这个非正式组织中的地位。

研究人员通过实验得出三点结论：第一，非正式组织不顾企业管理当局关于产量的规定而另外规定了自己的产量限额。第二，工人努力使上报的产量显得平衡均匀，以免露出生产得太快或太慢的迹象。第三，非正式组织制定了一套措施来使不遵守非正式组织定额的人就范。结果表明，在正式组织中存在着非正式组织。非正式组织中有这样几条不成文的纪律：你不应该干活过多，你不应该干活过少，你不应该向监工报告任何有损于同伴的事，你不应该对同伴持疏远态度或好管闲事。如果你是一个检验工，你不应该认真得像一个检验工那样地检验产品。

前面提到的装配电话继电器的女工实验组的产量不断提高，电话线圈装配工实验组却限制产量。这是什么道理呢？梅奥解释：在装配电话继电器的女工实验组中，研究人员对工人采取信任态度，征求她们的意见，激发她们提高产量的热情。在电话线圈装配工实验组中，研究人员很少同参与实验的工人直接接触，而是采取旁观者的态度，于是工人继续维持过去那一套非正式组织中的做法。梅奥等人认为，这进一步证明了有必要采取新的领导技术。

4. 霍桑实验的结论

通过霍桑实验，梅奥得出以下三点主要的结论：第一，职工是“社会人”；第二，企业中存在着“非正式组织”；第三，新的企业领导能力在于通过提高职工的满足度来提高其士气。这三条可以说是人际关系学说的基本要点，也是行为科学在以后发展的理论基础，并对以后的管理思想发展产生重大的影响。

（二）人际关系学说的建立

霍桑实验经过 8 年的艰苦努力终于完成了它的历史使命，其历史作用在当时并没有显示出来。随着时间的推移越来越多的管理实践证明它是一个具有划时代意义的实验。霍桑实验使西方管理思想进入行为科学管理理论的发展阶段，为当时的资本主义社会开出一个“药方”。霍桑实验取得了巨大的成功。

在霍桑实验的基础上，梅奥等人终于在人群中发现了一些规律性的东西，为缓解资本主义的社会问题提供了一条较好的思路，这就是当时的人际关系学说。人际关系学说的基本要点可以概括为三点。

（1）职工是“社会人”。

“社会人”是人际关系学说对人性的基本假设。这种假设认为，人不仅有经济和物质方面的需要，还有社会及心理方面的需要。人的思想和行动更多地是由感情而不是由逻辑来引导的。小组的合作、感情超过了效率的逻辑，工作条件和工资报酬并不是影响劳动生产率高低的首要原因。因此，梅奥等人提出“人是社会人”这一论点。他们指出，个人只有完全投入集体之中才能实现彻底的“自由”。工厂中的工人不是单纯地追求金钱收入的，还有社会方面、心理方面的需求，即追求人与人之间的友情、安全感、归属感、受人尊重等。所以，不能单纯地从技术和物质条件着眼，必须首先从社会、心理方面来鼓励工人提高生产率。梅奥提出了 13 条原则：①让职工体会到成功的喜悦；②对职工进行精神及物质奖励；③使职工感到自己重要；④要乐于捍卫部属的利益；⑤鼓励职工一定要真诚；⑥关心别人；⑦关心职工的成长；⑧同职工交个朋友；⑨不要当不受欢迎的老板；⑩激发职工的积极性；⑪协调与下属的人际关系；⑫了解下属之间的矛盾；⑬让部下尽心供职。

（2）在正式组织中存在着“非正式组织”。

梅奥等人认为，不能把非正式组织的形成看成一件坏事，必须看到它是必然会出现的，并起着有利的作用。它同正式组织相互依存，对生产率的提高有很大的影响。

非正式组织的有利之处主要体现在以下 11 个方面：①积极支持企业管理当局的政策和目标。②使个人有表达思想的机会。③提高士气，降低职工的离职率。④以社会报酬的形式对职工进行补偿。⑤改善信息交流工作。⑥使职工在一个不重视个人特点的组织内有保持个人特点的机会。⑦提高职工的自信心并减轻他们的紧张状态。⑧对职工完成指定任务给予支持。⑨在工作环境中让职工感受到温暖。⑩提高职工之间的协作程度。⑪减少职工个人对工作和环境的厌烦感。

非正式组织的不利之处主要体现在以下 5 个方面：①抵制企业管理当局的政策和目标。②限制职工的个人自由，强迫职工行为一致。③可能共谋组成同管理当局敌对的工会。④反对革新和改变。⑤限制产量。

梅奥对待非正式组织的态度很值得借鉴：一是正视和重视非正式组织的存在；二是应对非正式组织及其成员的行为进行引导，注意在正式组织的效率的逻辑与非正式组织的感情的逻辑之间保持平衡，以便使管理人员与工人之间、工人与工人之间能互相协作；三是要充分发挥每个人的作用，提高效率，使之有利于正式组织目标的实现。

（3）新型管理者的管理能力在于提高职工的满意度。

梅奥认为，工作条件、工资报酬并不是决定生产效率高低的首要因素，首要因素是工人的士气，而工人的士气又同满意度有关。工人的满意度越高，生产效率就越高。新型的管理者的管理能力在于提高职工的满意度，以鼓舞职工的士气，提高劳动生产率。

罗特利斯伯格在《管理和士气》一书中指出："一个人是不是全心全意地为组织提供服务，在很大程度上取决于他对工作、对工作上的同伴以及他的上级的感觉。"金钱只是工人所需要满足的一小部分内容。工人所需要满足的还有"被社会所承认，在社会上其重要性的明显证明，安全的感觉，这种感觉更多地是来自成为一个组织公认的成员，而不是来自银行中存款的金额"。可见，职工的满意度主要是指职工安全的感觉和归属的感觉等社会需求方面的满意程度。

梅奥指出决定工作满意度的 6 个主要因素：①报酬。薪金在决定工作满意度中确实起到很重要的作用。②工作本身。与报酬一样，工作本身的内容在决定员工的工作满意度中也起到很重要的作用。③提升。工作中的提升机会对工作满意度有一定程度的影响。④管理。与提升一样，管理是影响工作满意度的重要原因。⑤工作组织。有友好和合作精神的同事是员工个人工作满意度的一般原因。⑥工作条件。工作条件也只是作为一般方式影响工作满意度。

三、行为科学理论对管理思想的发展

（一）突出人的因素和对人的研究

行为科学贯彻了以人为本的思想，以人力资源为首要资源，高度重视对人力资源的开发和利用。提倡以人道主义的态度对待工人，通过改善劳动条件，提高劳动者工作生活的质量，培训劳动者的生产技能，调动人的积极性，进而提高劳动效率。这些思想有利于推动生产发展和社会进步。比如亨利·丹尼森就十分注重人的因素并推动行为科学的发展。他在《组织工程学》一书中写道："能够激励一个组织成员的因素有四类：一是对他本人以及他的家属福利和地位的关心。二是对工作本身的爱好。三是对组织中一个或多个成员及其良好评价的关心，亦即乐于同他们在一起工作。四是对组织主要目标的尊重和关心。只有把这四种因素结合起来才能使一个人的力量持久而稳定地发挥出来。"他在自己的工厂中实行工人可以通过分股息来分享利润的制度，有 200 名职工成为有投票权的股东，有权选举董事；工厂中设立工厂委员会，工人能选举代表并参与工厂的管理；等等。通过这一系列措施，充分调动职工的积极性。这使得他的公司（丹尼森制造公司）成为当时美国最先进的公司之一。

（二）吸收和借鉴相关学科成果，形成完善的学科体系

行为科学积极吸收了心理学、社会学、人类学等学科的科学知识，应用社会调查、观察测验、典型试验、案例研究等科学方法对人的行为，特别是职工在生产中的行为进行研究，提出了一些调动人的积极性的学说和方法，并在企业中实际应用，收到了很好的效果。许多管理学家、社会学家和心理学家从行为的特点、行为的环境、行为的过程、行为的原因等多种角度开展对人的行为的研究，形成了一系列的理论，使行为科学成为现代西方管理理论的一个重要流派。行为科学利用许多学科的知识来研究人类行为的产生、发展、变化的规律，以预测、控制和引导人的行为，达到充分发挥、调动人的积极性的目的。由于人的行为都是发生在一定的组织和群体中，在主管人员的领导和控制下表现出来的，因此它不仅与个体的行为基础有关，还与群体环境和管理人员的领导方式有关。

（三）提出了非正式组织的作用

从梅奥的霍桑实验中可以看出，工人在企业内部共同劳动的过程中，必然会发生一些工作以外的联系，这种联系会加深他们之间的相互了解，从而形成某种共识，建立起一定程度的感情，由此逐渐发展成为一种相对稳定的非正式组织。梅奥等人认为，不管承认与否，非正式组织都是存在的。它与正式组织相互依存，通过影响工人的工作态度来影响企业的生产效率和目标的达成，因此管理人员应该正视这种非正式组织的存在，利用非正式组织为正式组织的活动和目标服务。

（四）提出一系列具体要求以提高管理水平

行为科学理论提出一系列具体要求，以提高管理水平。

1. 加强与工人的交流

加强与工人的交流，有以下几个方面的作用。

（1）与工人交流有助于他们解除不必要的心理负担，调整自己对于个人问题的态度及情绪，从而使他们明白地提出自己的问题。

（2）与工人交流有助于工人与同事或监工相处更容易、更和谐。

（3）与工人交流会促进工人与经理人员更好地合作，有助于形成工人对工作群体和工厂的双重归属感。

（4）与工人交流是培养训练管理人员的重要方法，有助于上情下达。

（5）与工人交流是获取信息的重要源泉，对经理人员有巨大的价值。

2. 经理人员要完成三项重要任务

经理人员要完成以下三项重要任务：一是将科学和技术应用于物质资料的生产，二是使生产经营活动系统化，三是组织协作。

3. 号召人们掌握综合的管理技能

这些综合的管理技能包括以下内容：第一，理解人类行为的诊断技能；第二，对工人进行激励、引导以及咨询、信息交流的人际关系技能。

梅奥等人创立的人际关系学说为行为科学的发展奠定了基础，他们提出的“社会人”“非正式组织”等概念已为大多数行为科学家所接受，其成果使得管理者在对待下属问题上发生了巨大的变化，他们对管理思想的发展做出了巨大的贡献。

四、行为科学理论对我们的启示

行为科学理论对我们有以下几个方面的启示。

第一，进一步强化以人为中心的管理理念。行为科学理论的成功在于克服了古典管理理论的弊端，改变了管理者的思想观念和行为方式。行为科学把以“事”为中心的管理改变为以“人”为中心的管理，由原来对“规章制度”的研究发展到对“人的行为”的研究，由原来的专制型管理过渡到民主型管理，强调人力资源的开发，注意改善企业的人际关系，注意使组织的需要和成员的需要协调一致，这些管理思想对于推动我们当前的管理创新具有宝贵的借鉴意义。

第二，牢固树立为解决现实问题服务的管理研究方向。行为科学产生的直接动力是20世纪初叶社会矛盾在企业中的激烈反应，劳资矛盾不断加剧，工人的不满情绪日益高涨。古典管理理论无法解决工人的情绪问题。梅奥等有着心理学背景的管理学家迎难而上，借助心理学、社会学的实验研究方法，利用多学科知识来研究人的行为变化规律，得出了一系列研究成果，以预测、控制、引导和激励人的行为，达到充分发挥、调动人的积极性的目的。为缓解劳资关系、促进生产力发展开出了“药方”。由此可见，在任何情况下，管理思想的发展都是现实需要召唤的结果。当前互联网、数字化、人工智能时代人的生活、生产方式发生巨大变化，必然导致人的需要发生变化，如何通过满足人的需要来激励人，这是管理科学面临的时代命题。

第三，对人的行为研究还需要不断深化。自20世纪30年代以来，许多行为科学家在梅奥等人奠定的基础上对人的行为做了更加深入细致的研究。从人的归属需要到自我实现的需要，从“社会人”假设发展到“复杂人”假设，等等，研究的内容也更为广泛。行为科学仍然在不断发展中，有合理的地方，也有不合理的地方，对人的研究还远没有达到人们想象的那么深远，我们应根据我国国情，吸收其合理的成分。这门学科实际上还是一门年轻的学科，需要大家结合现实不断地深入研究。

第四，行为科学的研究方法值得借鉴。行为科学始终把人力资源的开发和利用作为研究主题，吸收了心理学、社会学、人类学等学科的科学知识，运用社会调查、观察测验、典型试验、案例研究等科学方法，从行为的特点、行为的环境、行为的过程、行为的原因等多个角度开展对人的行为的研究，提出一些调动人的积极性的方法，形成自己的学说，并应用到企业实际中，同时得到进一步检验，最后上升到理论的高度，辐射到全社会，对生产力发展起到了推动作用。

第五，注重对非正式组织的作用的引导。梅奥等人认为，不管承认与否，非正式组织都是存在的。它与正式组织相互依存，通过影响工人的工作态度来影响企业的生产效率和目标的达成，因此管理人员应该正视非正式组织的存在，通过积极引导发挥非正式组织的积极作用。这对增强组织的凝聚力、实现组织目标具有重要意义。

第八章

激励理论

关于人的需要、动机和激励的问题，早就有学者进行过探讨。主持霍桑实验的梅奥教授就曾指出，人除了有经济方面的需要以外，还有社会方面、心理方面的需要。许多行为科学家在这方面做了较多的研究。他们认为，人们的各种行为都有一定的动机，而动机源于人们的需要。因此，在企业管理中，可以根据人的需要和动机来加以激励，使职工更有士气，也能更好地实现自己。关于激励理论包括以下三个方面的内容：一是激励内容理论，主要研究激励的内容和因素等，如需要层次理论、“生存、关系、发展”理论、双因素理论、成就需要激励模式、成就需要理论等；二是激励过程理论，主要研究从动机的产生到采取行动的心理过程，如期望概率模式理论、公平理论、归因理论等；三是激励强化理论，强调行为的结果对以后行为的影响，如强化理论等。

一、需要层次理论

需要层次理论主要研究激励的内容和因素等。许多行为科学家对需要层次理论做了大量研究，下面介绍几位有代表性的人物。

（一）亨利·默里

美国心理学家亨利·默里于 1938 年在《人的探索》一书中把人的需要归纳为 30 种，如表 8–1 所示。

表 8–1　默里的需要一览表

1. 谦卑	2. 成就	3. 接纳	4. 攻击	5. 自主
6. 抵抗	7. 尊敬	8. 防卫	9. 控制	10. 显示
11. 规避伤害	12. 回避屈辱	13. 不可侵犯	14. 养育	15. 秩序
16. 游戏	17. 抵制	18. 隐退	19. 感觉	20. 性
21. 求助	22. 优越	23. 理解	24. 获得	25. 逃避责难
26. 认识	27. 设计	28. 说明	29. 承认	30. 保持

他认为，在企业管理中，可以根据人的需要和动机来激励，使职工更好地完成工作任务。

（二）戴维·麦克利兰

美国行为科学家戴维·麦克利兰认为，人有三类基本激励需要：一是对权力的需要。有这种强烈需要的人一般追求领导者的地位，好辩论、健谈、直率、头脑冷静、有能力并善于提出要求，喜欢演讲。二是对社交的需要。有这种强烈需要的人常从友爱中得到快乐并因被某个社会团体拒绝而痛苦，他们关心保持融洽的社会关系，如亲密无间、互相谅解、助人为乐。三是对成就的需要。有这种强烈需要的人对成功有一种强烈的要求，同时也十分害怕失败；愿意接受挑战，为自己树立一个具有一定难度的目标（但不是不能达到的）；对待风险采取一种现实主义的态度；宁愿个人承担所做工作的责任，对他们正在进行的工作情况期望迅速得到明确的反馈；一般不常休息，喜欢长时间工作，遇到失败也不过分伤心，这种人一般喜欢表现自己。

麦克利兰指出，组织上应该为高成就欲望的人安排具有挑战性的工作，并给予一定的自主权，这样就能发挥他们的积极性。

（三）约翰·阿特金森

美国行为科学家约翰·阿特金森认为，职工的行为取决于他的个性和环境。个人在任何竞争环境中都会产生两种心理倾向：一种倾向是追求成功的动机，另一种倾向是避免损失的动机。这两种动机的力量强度取决于个人的动因、成就的预期概率以及取得成功的激励价值。

（四）亚伯拉罕·马斯洛

亚伯拉罕·马斯洛是美国著名的行为科学家，1943 年提出著名的需要层次理论。马斯洛认为，人有各类需要，人的行为过程就是需要满足的过程。马斯洛把人的需要归纳为五大类，即生理需要、安全需要、感情和归属需要、地位或受人尊重的需要、自我实现的需要。这五大类需要是相互作用的，按照其重要性和发生的先后次序可排列为五级，等级越低越容易满足，如图 8-1 所示。

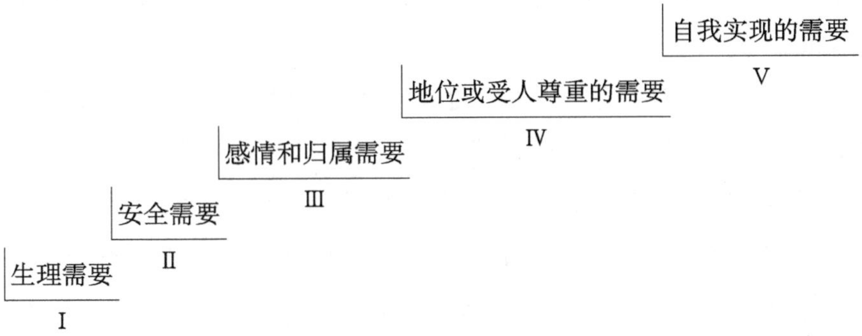

图 8-1　马斯洛的需要层次理论

第一级，生理需要。包括维持生活和繁衍后代所必需的各种物质上的需要，如衣食住行等。这些是人类最基本的，因而也是推动力最强大的需要。在这一级需要没有得到满足前，其他各级更高的需要就不会发挥作用。

第二级，安全需要。包括有关免除危险和威胁的各种需要，如防止工伤事故以及有伤害的威胁，资方的无理解雇、生病或养老、储蓄和各种形式的保险，都是这一级所要考虑的需要。

第三级，感情和归属需要。包括和家属、朋友、同事、上司等保持良好的关系，给予别人并从别人那里得到关爱和帮助，自己有所归属，即成为某个集体公认的成员等。这一级需要比上两级需要更精致，更难捉摸，但对大多数人来讲是很强烈的需要，如果得不到满足就会导致精神不健康。

第四级，地位或受人尊重的需要。包括自尊心、自信心、能力、知识、成就和名誉地位的需要，能够得到别人的承认和尊重，等等。这类需要很少能得到满足，因为它是无止境的。

第五级，自我实现的需要。这是最高级的需要，指一个人需要做他最适宜做的工作，发挥他最大的潜力，实现理想，并能不断地自我创造和发展。

以上五级的需要通常不能都得到满足。一般来说，需要等级越低越容易得到满足，等级越高得到满足的概率就越小。在现代社会中（是指20世纪40年代的美国），第一级需要得到满足的概率为85%，第二级需要得到满足的概率为70%，第三级需要得到满足的概率为50%，第四级需要得到满足的概率为40%，最高一级需要得到满足的概率只有10%。

这些需要的层次并不一定按照这个顺序，有时候人的需要是模糊不清的，对某种需要表现的强度也不一样，每个人都有其不同的性格，这种划分只是提供了一个大概的需要层次，在实践过程中要对需要管理的人员依具体情况进行不同的分析，区别对待。

人们一般按照这个等级系列从低级到高级追求各项需要的满足。当然，并不是说不同级别的需要不能在同一时期发挥作用，而是说在某一特定时期，总有某一级别的需要发挥主导作用，其他的需要处于从属地位。

一般来讲，只有在较低级别的需要得到合理满足以后，较高级别的需要才会发展起来。当较低级别的需要受到威胁时，也会放弃高级需要。例如，当遇到灾荒时，就可能牺牲较高级别的需要，如自我实现的需要而去追求衣食。

人的需要还带有发展的、动态的性质。拿个人来讲，其需要同年龄和地位的发展变化有关。例如，婴幼儿时期，生理需要占据压倒性优势。越是年长，越是向高级的需要发展。随着地位的上升和收入的增加，高级的需要和安全的需要占主要地位。在经济不发达的社会中，人们为衣食而奔忙；在经济发达的社会中，由于衣食和安全的需要一般已不成问题，人们就追求满足更高级的需要了。

需要层次理论也存在不足。马斯洛在20世纪40年代提出了这一理论，使人们注意到人的需要这个重大问题，多年来广为传播，影响很大；但他当时提出这个理论时，主要根据观察和分析，并没有严密的试验材料做依据。以后有的学者试图用大量试验材料来验证马斯洛的这个理论，却发现马斯洛的理论中有许多缺陷，不能为试验材料所证实。一些行为科学家指出，马斯洛理论的不足之处主要有以下三点。

(1) 满足的尺度不明确。

马斯洛认为，人只有满足了较低层次的需要之后，才会产生较高层次的需要。有些管理学家认为这种说法并不完全符合实际，他们指出，一个人即使吃不饱、穿不暖，其低层次的需要距离满足的程度还差得很远，他仍旧会设法满足他的社会需要和自我实现需要。虽然一般来说，已满足的需要不再起作用，但怎样才算满足，意义不够明确，特别是高级需要的情形更加复杂。虽然在一定时期有某一级的需要起主导作用，但并不能证明已满足的较低级的需要就不起作用了。例如，一个经理人员自我实现的需要可能是很强烈的，但他的地位或受人尊敬的需要、感情和归属的需要、安全的需要，可能还在起促进作用。

（2）满足的目标不明确。

马斯洛把需要会依层次逐级发展看作在一切社会阶层的人当中存在的普遍现象，有些管理学家指出这也是不符合实际的。因为他没有看到人的需要是因其社会环境影响的不同而有差别的。有的人即使生理需要和社会需要得到满足，也没有出现自我实现的需要，而其经济需要可能仍很强烈。当一个人生理的需要得到满足后，并没有一种方法可以预测，哪一种高级的需要将成为下一个必须满足的需要。因为，对不同的人来说，需要的先后顺序不是完全相同的。

（3）满足的间歇不明确。

马斯洛的需要层次理论的缺陷还在于，并没有一种公认的方法来预测一种需要得到满足以后，另一种更高级的需要发展起来需要间隔多长时间。有证据表明，各种需要在一个人身上出现，可能更多的是与年龄和事业水平有关，而不是与低级需要的满足有关。有的人始终没有提出自我实现的需要就感到自己很满足了，再也没有其他更多的要求了。

后来，马斯洛对自己的理论做了调整，提出需要的八层次理论，增加了审美、认知和超越的需要。

一是生理需要。这是人类最底层、最基本的需要，包括水、食物、睡眠、性等内容。生理需要是推动人类生存的动力，只有生理需要得到满足，人们才会追求更高层次的需要。

二是安全需要。这个层次的需要是在满足生理需要的情况下发展起来的，它主要体现在社会秩序、体制、法律、和平、医疗、教育等各方面的安全和社会保障，人们需要安全感。马斯洛认为，整个有机体是一个追求安全的机制，人的感受器官、效应器官、智能和其他能量主要是寻求安全的工具，甚至可以把科学和人生观都看成是满足安全需要的一部分。

三是归属与爱的需要。体现在个人渴望得到家庭、团体、朋友、同事的关怀、爱护与理解，渴望融入团体，和大家建立起良好的社交关系，得到团体的喜欢，也是对友情、信任、爱情的需要。

四是尊重的需要。它是在满足前面几种基本需要后，人们开始追求关于个人的高级需要。尊重可分为内部尊重和外部尊重。内部尊重也就是自尊，希望自己有能力，在各个方面都可以做好，有自己的成就，实现自己的理想；外部尊重即追求外界的权力、地位，渴望得到他人的认可。

五是认知需要。又称认知与理解的需要，即人对自身和周围世界的探索、理解及解决疑难问题的需要。马斯洛将其看成克服阻碍的工具，当认知需要受挫时，其他需要能否得到满足也会受到威胁。

六是审美需要。它指人们对美好事物的欣赏和追求，是对秩序和美感的需要。

七是自我实现的需要。它是指个体实现自己的理想抱负，实现自己的追求，成为伟大的或具有影响力的人物，是最高级的需要。马斯洛提出，为满足自我实现的需要所采取的途径是因人而异的。自我实现的需要是在努力挖掘自己的潜力，使自己逐渐成为自己所期望的人物。

八是超越需要。它是认识宇宙的精神需要。

马斯洛一开始很赞赏麦格雷戈的理论，但随着超越自我实现的思想的形成，他看到这种理论的不足，从而提出了Z理论。Z理论是在X理论和Y理论的基础上，强调超越性需要。基于这种需要的管理就要考虑到超个人的价值、存在价值或宇宙价值的激励作用，假设人具有为比自我更大的目标而献身的需要以及自我牺牲的精神。

（五）克雷顿·奥尔德弗

美国耶鲁大学教授、行为科学家克雷顿·奥尔德弗于 1969 年提出的一种关于需要和激励的理论，是对马斯洛需要层次理论的一种修正。

奥尔德弗在大量调查研究的基础上指出，人的基本需要不是五种，而是三种：第一，生存，这是最基本的需要，指生理、安全等方面的需要。这种需要一般要通过金钱才能得到满足。只有这种基本需要得到满足以后，才能谈到其他需要。第二，关系，指与其他人（同事、上级或下级等）和睦相处、建立友谊及有所归属的需要。第三，发展，指个人在事业、能力等方面有所成就和提高。

这三种需要并不完全是生来就有的，关系的需要和发展的需要是通过后天学习才形成的。人的需要并不一定严格地按照由低到高的秩序发展，可以越级出现。例如，人可以在关系方面的需要没有得到充分满足的情况下产生发展的需要。每个人的需要也各不相同，如有的人是生存的需要占主导地位，有的人是关系的需要占主导地位。管理人员应该了解每个职工的真实需要，然后采取适当措施来满足每个职工的不同需要，以便激励和控制职工的行为，实现组织和个人的目标。

二、人性假设理论

管理的根本问题在于管理者对人性的认识，它是一切管理策略和方法的基础。对人性的认识是一个逐步深化的过程。关于对人性的认识，具有代表性的研究成果有麦格雷戈的 X 理论—Y 理论和沙因的四种人性假设理论。

（一）麦格雷戈的 X 理论—Y 理论

道格拉斯 · 麦格雷戈是美国社会心理学家，也是美国行为科学学派的代表人物之一，是 X 理论—Y 理论的创立者。1957 年提出有名的 X 理论—Y 理论，提出两大类可供选择的人性观。他把传统的人性理论叫作 X 理论。

1. X 理论

X 理论对人性提出以下假设。

第一，人生而好逸恶劳，所以常常逃避工作。

第二，人生而不求上进，不愿负责，宁愿听命于人。

第三，人生而以自我为中心，漠视组织需要。

第四，人习惯于保守，反对改革，把个人安全看得高于一切。

第五，只有少数人才具有解决组织问题所需要的想象力和创造力。

第六，缺乏理性，容易受骗，常常被煽动者当作挑拨是非的对象，做出一些不适宜的行为。

管理人员在完成其任务的过程中，要么采用“强硬的”管理办法，包括强迫、严密监督、严格控制，要么采用“松弛的”管理方法，包括随和的态度、顺应职工的要求、一团和气。

20 世纪以来，从最强硬到最松弛的各种办法都试过了，证明效果都不太理想。采用“强硬的”办法会引起职工的反抗行为，如磨洋工、敌对行动、组织好斗的工会，以及对管理者的目标进行巧妙而有效的破坏。这种“强硬的”办法，在劳动力供应短缺时期就更难实行了。

采用“松弛的”办法也产生了许多问题，导致管理人员放弃管理，大家一团和气，工作上马马虎虎。职工提出的要求越来越多，做出的贡献却越来越少。

于是，管理者试图汲取软硬两种办法的长处，推行一种所谓“严格而合理”的管理方法。正如有人描述的，“温和地讲话，但手上拿着大棒”。

这种管理方法同上述两种管理方法一样，科学管理是“强硬的”X 理论，人际关系学说是“温和的”X 理论，实质上都是 X 理论。

麦格雷戈指出，在人们的生活还不够丰裕的情况下，“温和 + 大棒”的管理方法可能暂时有效，但当人们达到了丰裕的生活水平时，这种管理方法就无效了。再用监督和控制来进行管理，无论是“强硬的”还是“松弛的”方法，都不足以激励人们的行为。于是，麦格雷戈提出了 Y 理论。

2. Y 理论

麦格雷戈认为，由于许多原因，需要有一种新理论。这种新理论必须建立在对人的特性及其行为动机更为恰当的认识基础上，于是他提出不同于 X 理论的 Y 理论。

Y 理论认为人性具有以下几个特点。

第一，人们并非天生就是对组织的要求采取消极或抵制态度的，这是由他们在组织内的经历和遭遇造成的。

第二，人并非生性懒惰，要求工作是人的本能。人们并不是天生就厌恶工作的。应用体力和脑力来从事工作对于人们来讲，正如游乐和休息一样是自然的。

第三，外来的控制和惩罚的威胁并不是促使人们为实现组织的目标而努力的唯一方法。人们对自己参与制定的目标，能够实行自我指挥和自我控制。

第四，对目标的参与是同获得成就的报酬直接相关的。这些报酬中最重要的是自我意识和自我实现需要的满足，它能促使人们为实现组织的目标而努力。

第五，在适当条件下，人们不但能接受而且能承担责任。逃避责任并非人的天性，而是经验的结果。

第六，个人目标与组织目标的统一，是人们对组织目标的承诺，能运用自我指导和自我控制来使二者协调。

麦格雷戈把Y理论叫作“个人目标和组织目标的结合”，认为它能使组织的成员在努力实现组织目标的同时，最大限度地实现个人目标。所以，以Y理论为指导思想的管理有以下四个要点。

第一，企业的管理要通过有效地综合运用人、财、物等要素来实现企业的经营目标。

第二，人的行为管理，其任务在于给人安排具有吸引力和富有意义的工作，使个人需要和组织目标尽可能地统一起来。

第三，鼓励人们参与制定自身目标和组织目标，把责任最大限度地交给工作者，相信他们能自觉完成任务。

第四，外部的控制、操纵、说服、奖罚绝不是促进人们努力工作的唯一方法。应该用启发式代替命令式、用信任代替监督的方法来促使人们既为了组织目标也为了自己的目标而努力工作。

有些行为科学家批评Y理论的一些局限性。他们指出，固然不能说所有的人天生就是懒惰而不愿承担责任的，但在现实生活中的确有这样的人，而且不愿改变。对于这些人，应用Y理论进行管理难免会失败，要想发展和发挥人的智慧和潜能，就必须有合适的工作环境。这种合适的工作环境并不是经常有的，而要创造出这样一种环境来，成本也较高。所以，Y理论并不是普遍适用的。

（二）沙因的四种人性假设理论

美国的行为科学家埃德加·沙因1965年提出四种人性假设，这四种有关人类特性的假设是：理性—经济人假设，社会人假设，自我实现人假设，复杂人假设。

1. 理性—经济人假设

理性—经济人假设是古典经济学和古典管理理论关于人的假设，也就是麦格雷戈所说的X理论。理性—经济人假设的内容归纳为以下四点。

（1）人是由经济诱因引发其工作的动机，其目的在于获得最大的经济利益。

（2）经济诱因在组织的控制之下，因此人在组织的操纵、激励和控制下被动地从事工作。

（3）人以一种合乎理性的、精打细算的方式行事。

（4）人的感情是非理性的，会干预人对经济利益的合理追求，组织必须设法控制人的感情。

2. 社会人假设

社会人假设是人际关系学说的倡导者梅奥等人提出来的。沙因把社会人假设的内容归纳为以下四点。

（1）人类工作的主要动机是社会的需要，通过与同事之间的关系可以获得基本的认同感。

（2）工业革命和工作合理化的结果使得工作变得单调而无意义，因此必须从工作的社会关系中寻求工作的意义。

（3）非正式组织的社会影响比正式组织的经济诱因对人的影响大。

（4）人们最期望的是领导能承认并满足他们的社会需要。

3. 自我实现人假设

自我实现人假设是马斯洛等人提出来的。麦格雷戈提出的 Y 理论就是指自我实现的人。沙因把自我实现人假设的内容归纳为以下四点。

（1）人的需要有低级和高级的区别，其目的是达到自我实现的需要，寻求工作上的意义。

（2）人们力求在工作上有所成就，实现自治和独立，发展自己的能力和技术，以便灵活地适应环境。

（3）人们能够自我刺激和自我控制，外来的激励和控制会对人产生一种威胁，造成不良的后果。

（4）个人自我实现同组织目标并不冲突，而且是一致的。在适当的条件下，个人应该调整自己的目标，使之与组织目标相配合。

4. 复杂人假设

复杂人假设是沙因提出的。他认为，前面三种假设，各自反映当时的时代背景，并适合于某些人和某些场合；但是人有着复杂的动机，不能简单地归结为一两种人，而且也不能把所有的人都归结为同一类人。事实上存在着各种各样的人。至于人的动机则包括生理的、心理的、社会的、经济的各个方面，再加上不同的情景和时间因素，人的动机是由这些因素共同作用形成的。复杂人假设的内容有五点。

（1）每个人都有不同的需要和不同的能力，工作的动机不仅是复杂的而且变动性很大。人的许多动机安排在各种重要的需要层次上，这种动机层次的构造不但因人而异，而且同一个人在不同的时间和地点也是不一样的。

（2）一个人在组织中可以学到新的需要和动机，因此一个人在组织中表现的动机模式是他原来的动机模式与组织经验交互作用的结果。

（3）人在不同的组织和不同的部门中可能有不同的动机模式，在正式组织中不合群，可能在非正式组织中能满足其社会需要和自我实现的需要。

（4）一个人是否感到心满意足，肯为组织出力，决定于他本身的动机构造和他同组织之间的相互关系，以及工作的性质、本人的工作能力和技术水平、动机的强弱、与同事间相处的状况。

（5）人可以依据自己的动机、能力及工作性质对不同的管理方式做出不同的反应。

沙因将人性的各种情况做了一个基本的归纳，给管理者提供了一个较好的坐标，这是对管理思想的重要发展。事实上，没有一种方式是适合于任何时代、任何人的万能管理方式，因此复杂人假设使之产生了权变管理理论。

三、群体行为理论

管理思想的发展始终是按照吸收——摒弃——发展——创新的路径发展的。从霍桑实验以后，人们开始关注人的组织行为，人际关系学派也逐渐兴起。人们逐步重视对团体行为的研究，使之成为行为科学的一个重要组成部分。

（一）团体动力学

1938 年，德国心理学家卡特 · 卢因独创了关于人的行为的“场论”，提出人的行为是他的个性同他所理解的环境的函数。在西方，卢因被称为“当代实验社会心理学之父”。1944 年，他提出“团体动力学”一词。其理论要点主要有以下内容。

（1）团体动力学所研究的团体指非正式组织。

团体（非正式组织）也有三项要素，即活动、相互影响、情绪。活动指人们在工作和日常生活中的一切行为。相互影响指人们在组织中相互发生作用的行为。情绪指人们内在的、看不见的心理活动，如态度、情感、意见、信念等。这些虽然是看不见的，但可从人的活动和相互影响中推知。

（2）团体是处于均衡状态的各种力的一种“力场”。

团体是处于均衡状态的各种力的一种“力场”，叫作“生活场所”“自由运动场所”。人的心理和行为取决于内在需要和周围环境的相互作用。当人的需要没有得到满足时，会产生内部力场的张力，而周围环境因素起着导火线的作用。人的行为方向取决于内部力场与情境力场（环境因素）的相互作用，而以内部力场的张力为主。团体活动的方向同样取决于内部力场与情境力场的相互作用。“力场”中的力不仅涉及团体在其中活动的环境，还涉及团体成员的个性、感情及其相互之间的看法。团体行为就是各种相互影响的力的一种错综复杂的结合。这些力不仅影响团体结构，而且修正个人的行为。

(3) 团体的目标。

除了正式组织的目标以外，团体还必须有它自己的目标以维持团体的存在，使团体持续地发挥作用。不断地、过度地追求正式组织的工作目标，没有休息，永不松懈，可能有损于团体行动的内聚性和效率。适当的交谈和休息对团体的维系是必要的。团体成员之间推心置腹的交谈有助于各个成员发挥创造性，情绪更加稳定，减少对立情绪，并增强自制力。

(4) 团体的领导方式。

团体有三种不同的领导方式：一是专制的领导方式。领导者一个人做出决策，要团体服从。二是民主的领导方式。领导者通过讨论和征求意见，吸收团体中成员的看法和建议，并鼓励成员参与决策。三是自由放任的领导方式。这种团体中的领导者的作用有点像情报交换站，它降低了领导者在团体活动中的作用，领导者不进行控制，而主要是向各个成员提供资料和情报。在这种团体中，工作的进展不稳定，效率不高。

有的人认为，这三种领导方式中，民主的领导方式效果最好。也有人认为，这三种领导方式并不是互相排斥的，而是在不同的情况下可供选择的不同手段。

(5) 团体的参与者。

一个团体除了领导者以外还有参与者。如果团体成员的权力和地位趋向平等，则参与者的人数会显著增加。参与式或民主式的领导方式与专权式的领导方式相比，前者能吸引更多的人来参与。建设性的参与包括以下一些活动：提供情报、阐明观点、确定方向、概括、鼓励、调解，以及给每一个人提供讲话的机会。还有削弱性的参与者，如积压事务者、为小事争吵者、骑墙派、高谈阔论者、唯唯诺诺者、阴郁者、爱戏弄别人者等。

(6) 团体的规模。

非正式组织存在的实质在于人与人之间的相互关系和作用，所以基本团体以规模小为好，以便成员相互间能经常交往。

研究结果表明：①当一个团体的主要任务是做出高质量的、复杂的决策时，最恰当的规模是 7 ～ 12 人，并有一个正式的领导者。②当一个团体的主要任务是解决矛盾和冲突，并达成协议时，最好由 3 ～ 5 人组成，不要正式的领导者，这样便于讨论，并能够保证每个成员充分发表意见。③当一个团体既要做出高质量的决策，又要取得协议时，最好由 5 ～ 7 人组成。

团体中成员的人数为偶数时，容易发生冲突，而由 2 人或 4 人组成的团体又比由 6 人组成的团体更容易发生冲突。在座位安排方面，面对面坐的成员较容易发生争论。如果目标是取得协议，那么可能发生冲突的人应朝同一方向坐。

（7）团体的内聚力和士气。

团体的内聚力是指团体对其成员的吸引程度，既包括团体对每一个成员的吸引程度，又包括团体成员相互之间的吸引程度。当这种吸引程度达到一定强度且团体成员资格具有一定的价值时，这个团体就是内聚力强的团体。

耐久力可用团体成员的下列态度来说明：对团体忠诚，对团体的工作有责任感，对外来攻击进行防御和反抗，与其他成员志趣相投并有友谊关系。在内聚力强的团体中，成员的意见比较一致，相互关系融洽友好，对团体感到自豪，并有强烈的责任感，完成团体的工作任务好。

卢因认为，影响团体内聚力的因素有以下几个。

①团体的领导方式。在专制的、民主的、自由放任的三种领导方式中，以民主的领导方式的团体内聚力最强。

②团体与外界的关系。同外界处于隔离状态的团体内聚力较强。

③团体的规模较小者内聚力较强。大规模的团体往往会分裂为一些小的基本团体。

④团体中的较稳定者内聚力较强。团体内聚力的形成需要团体成员有很强的稳定性。同时，团体成员之间必须有广泛联系的机会，否则难以产生内聚力。

⑤团体内部的奖励方式和目标结构。不同的奖励方式能影响团体成员的情感和期望。

（二）信息交流的理论

信息交流是行为科学中关于团体行为研究的重要内容之一。下面是几种有代表性的理论。

1. 信息交流的重要性及信息交流的障碍

团队行为离不开信息交流，但是信息交流常常存在一些障碍，包括语言的局限性，信息发送者和接收者在知觉和判断上的错误，等等。因此，信息交流容易造成误解。行为科学家提出“限制管理人员信息交流能力的 10 项虚构的说法”。

（1）绝大多数职工对他们的公司并无兴趣，而只对与他们自己和他们的朋友有关的琐事或消息有兴趣。

（2）在同职工做信息交流时，工会有其内部渠道。

（3）如果你要职工读你写的通知，一定要使通知简短。

（4）管理人员应该避免有争论的问题。

（5）一份好的公司杂志要宣传的就是职工的报酬和生产。

（6）一份阅读材料的效果可以从阅读它的人数多少来判断。

（7）严肃的材料为了获得读者，需要有一些“小花招”，如做作的标题或夸张的比拟。

（8）一幅图抵得上一千个词。

（9）用简单、通俗易懂的方式讲出严肃的材料是“老生常谈”。

（10）我们无须讲上个月已讲过的问题。

以上 10 种看法，都是对信息交流有妨碍的。

2. 信息交流的分类

按照不同的标准，信息交流可做不同的分类。

(1) 按照功能，信息交流可分为两类，即媒介式信息交流和满足需要式信息交流。

(2) 按照组织系统，信息交流可分为两类，即正式信息交流和非正式信息交流。

(3) 按照流向，信息交流可分为四类，即下行信息交流、上行信息交流、平行信息交流及斜向信息交流。

(4) 按照有无反馈，信息交流可分为两类，即单向信息交流和双向信息交流。

(5) 按照媒介手段，信息交流可分为两类，即语言信息交流和非语言信息交流。

(6) 按照交流方式，信息交流可分为两类，即口头信息交流和书面信息交流。

(7) 按照是否经过中间环节，信息交流可分为两类，即直接信息交流和间接信息交流。

3. 非正式信息交流渠道

非正式信息交流就是所说的“小道消息”，它有四种交流渠道。

(1) 单线式。小道消息顺次从一个人传播到另一个人。

(2) 流言式。小道消息由某个人主动地传播给其他的人，如向个别人或在小组会和非正式聚会上传播。

(3) 偶然式。小道消息的传播全凭偶然的机遇，并未事先选择对象。

(4) 集束式。小道消息有选择地传播给某些人，又称葡萄藤式流传，这种形式最为普遍。

有的行为科学家认为，小道消息会破坏团结，应予禁止；但也有人认为，小道消息能补充正式信息交流的不足，在一定程度上能起积极的作用。

（三）有关团体及其成员相互关系的理论

团体成员相互之间的关系（包括友好相处和竞争与冲突），是行为科学中关于团体行为的状态研究的内容之一 。这方面的重要理论有以下几种。

1. 社会关系计量学

社会关系计量学是美国心理学家雅各布 · 莫雷诺在 20 世纪 30 年代创立的。

莫雷诺制定了一种由团体成员自行填报的调查表，填报内容为自己对团体中其他各成员的好恶感情，分为“吸引”“排斥”和“无所谓”三类。然后，绘制“社会关系计量表”和“社会关系计量图”。把关系好的成员编在一起，以提高劳动效率。例如，有一位美国行为科学家用社会关系计量学及其图表对一个建筑工地上 74 名木工和泥水工的相互关系进行调查，然后把关系融洽的人编在一起工作。结果表明，一个月内离职率降低 10 倍，劳动效率大幅提高，材料消耗明显降低。

2. 团体成员相互影响分析法

团体成员相互影响分析法是行为科学家贝尔斯（R F Bales）提出的一种分析方法。经过调查分析，他发现团体内自然地存在着两种领袖人物：一种领袖人物对工作任务的意见和建议最多，可以叫作“工作任务型领袖”；另一种领袖人物最善于处理人际关系，可以叫作“人际关系型领袖”。

3. 有关团体间冲突的理论

以往，行为科学家大都认为冲突是坏事，对团体间的冲突持否定态度。后来，许多行为科学家认为冲突不一定是坏事，而没有冲突不一定是好事。这是因为，如果只强调组织内部的忠诚与合作，提倡唯唯诺诺，不发表不同意见，反而使矛盾不能暴露出来，窒息生机。所以，有人主张要区分破坏性的冲突与建设性的冲突。破坏性的冲突指带有偏见、无理取闹、暴力破坏的冲突，应加以限制；建设性的冲突指敢于发表建设性意见，揭示矛盾，以便解决问题的冲突，应加以倡导。行为科学家布朗（L D Brown）就提出，当冲突过多时，要设法使之减少；当冲突过少时，要设法使之增加。

四、强化理论和期望理论

强化理论和期望理论都是激励强化理论的主要内容。激励强化理论是美国心理学家和行为科学家斯金纳等人提出的一种理论；期望理论是美国行为科学家弗鲁姆提出的一种激励理论。

（一）强化理论

1. 什么是强化理论

强化理论是指以学习的强化原则为基础，理解和修正人的行为的一种学说。强化是指对一种行为的肯定或否定的后果，如报酬或惩罚，从而影响这种行为在今后是否会重复发生。

2. 强化理论的依据

强化理论的依据是强化刺激以加强记忆的一些学习原则。经过强化的行为倾向于重复发生。在激励一个人按照某种特定方式做工作时，报酬（正强化）比惩罚（负强化）更有效。因此，要以正面的报酬为主。例如，有的人更重视物质奖励，有的人更重视精神奖励，就应区分情况给予不同的报酬。在必要时，也要对坏的行为给予惩罚，做到奖惩结合。为了取得最好的效果，报酬（强化）应该在期望予以强化的行为发生以后尽快地提供。领导者表示“已注意到这种行为”这样简单的反馈，也能起正强化的作用。为了取得良好的效果，既要注意训练，加强行为修正，又要使激励达到一定的程度。

（二）期望理论

弗鲁姆的期望理论认为，人们在工作中的积极性或努力程度是效价和期望值的乘积。效价是“某项活动成果的吸引力”，就是一个人对某项活动可能产生的成果的评价。例如，一个职工从上级的暗示或自己的估计中形成这样的认识，如果自己在工作上做出优良成绩，就有可能提升职务。此时他很想提升职务，则吸引力为90%。他又认为，如果不做好工作，将被解雇，他又很不愿被解雇，则吸引力为 −90%。这样，“提升”和“被解雇”这两项活动成果会对他“做好工作”产生同等程度的吸引力。不过，从远期效果来看，某项活动成果负的吸引力（如用解雇等威胁和恐吓的手段）可能会产生不同于正的吸引力的激励影响。例如，一个职工由于有被解雇的危险，可能会更勤快地工作，但内心对这种威胁会有怨恨，一有机会就调换工作，等等。所以，行为科学家一般都强调要多从正面激励，尽可能不从反面激励。

期望概率指的是某项活动取得成功的可能性。例如，工作做出优异成绩获得提升的可能性有多大，就是期望概率。

当行为者对某项活动及其结果的效用评价很多，而且估计自己获得这种效用的可能性很大，那么领导者用这种活动和结果来激励他就可能取得良好的效果。

（三）强化理论与期望理论的比较

1. 两种理论的相同点

斯金纳的强化理论与弗鲁姆等人的期望概率模式理论有许多类似之处。这两种理论都强调一种行为与其后果（随之而来的报酬或惩罚）之间关系的重要性。

2. 两种理论的差别

斯金纳的强化理论与弗鲁姆等人的期望概率模式理论之间有一个重

大的差别：期望概率模式理论讨论的是有关理解、估价、主观的可能性等内部心理过程，而强化理论试图避免涉及这些内部心理过程，只讨论人的行为，认为只有人的行为才能科学地加以研究。

五、激励理论对我们的启示

激励理论对我们有以下几个方面的启示。

第一，要提高激励措施的契合性。激励要有针对性，否则就不能产生应有的效果。需要层次理论告诉我们，人的需要是分层次、分时期、因人而异的。只有按需满足，才能事半功倍。因此，要因人而异，对症下药，增强满足需要的契合度。

第二，要注重提高信息交流的精确性。团体行为理论告诉我们，了解情况、制定目标、做出决策、拟订计划、进行指挥、协调控制、改善关系等，都离不开信息交流；但是，信息交流中由于语言的局限性，以及信息发送者和接收者在知觉和判断上的错误，很容易造成误解。为此，我们要增强信息交流中的精准意识，同时要注重团队学习，完善沟通程序，增加确认环节，减少知觉和理解上的错误，努力消除信息交流误会。

第三，要加深对人性的理解和把握。沙因提出了四种人性假设，即理性—经济人假设、社会人假设、自我实现人假设、复杂人假设，很值得我们借鉴。这一理论对于管理者客观认识员工的心理和行为变化很有帮助。单纯地把人理解为经济人、社会人、自我实现的人都可能使我们出现认识偏差，要因人、因时、因环境，客观地、全面地、发展地判断一个人的需要、动机和行为取向，提出方针政策、凝聚团队力量，实现个人目标与团队目标的有机统一。

第九章

领导行为理论

Management

Thoughts：Development and Reference

在管理思想发展的历史进程中，领导行为始终是行为科学家研究的重点。团体行为是个体行为和组织行为的中间环节。组织行为是当代行为科学所研究的最高层次的行为，有关组织行为的行为科学包括关于领导行为、经理角色、权变管理、组织的变革与发展等方面的理论。

一、领导者权变理论

领导者权变理论是20世纪70年代形成的一种组织行为理论。领导者权变理论认为，企业领导要根据企业的内外条件变化灵活地进行管理，没有一成不变的、普遍适用的、最好的管理理论和方法。

（一）权变管理理论以“超Y理论”为基础

超Y理论是对X理论—Y理论进行实证试验而产生的。超Y理论认为，管理的指导思想和管理方式要视工作性质、环境特点、成员素质等而定，不能一概而论。超Y理论有以下几个要点。

第一，人们加入组织的需要类型有差异。人们是怀着许多不同的需要加入工作组织的，而且人们有不同的需要类型。有的人需要更正规的组织结构和规章制度，而不需要参与决策和承担责任；有的人却需要有更多的自治和发挥个人创造性的机会。每个人最需要的是能够胜任自己的工作。

第二，人们对管理方式的要求有差异。不同的人对管理方式的要求也是不同的。如上述第一种人欢迎以 X 理论为指导的管理方式，第二种人欢迎以 Y 理论为指导的管理方式。

第三，影响组织结构和管理方式的因素有差异。组织的目标、工作的性质、职工的素质等对组织结构和管理方式有很大的影响。凡是组织结构和管理层次的划分、职工的培训和工作的分配、工资报酬和控制程度的安排等适合工作性质和职工素质者，其效率就高；不适合者，其效率就低。工厂一般适宜采用 X 理论，研究所一般适宜采用 Y 理论。不同的情况应采用不同的方式。

第四，人们对工作的亲和力有差异。当一个目标达到以后，会激起职工的胜任感，使之为达到新的更高的目标而努力。

（二）权变管理理论在计划方面的观点

权变管理理论在计划方面有以下三个观点。

第一，制订计划时必须首先分析环境和组织自身的因素。其内容主要包括四个方面：一是环境中的机会——组织可能做些什么？二是组织拥有的能力与资源——组织实际能够做些什么？三是经营管理上的兴趣和愿望——组织想要做些什么？四是对社会的责任——组织应该为社会做些什么？制订计划时要对以上四个方面进行分析，使之协调起来。

第二，在不同情况下制订不同类型的计划。计划的类型可分为有目标的计划和指导性的计划两类。

第三，计划中的模糊性与灵活性。制订计划时，对目标的明确性要具体分析。有时应考虑使计划保持一定的模糊性和灵活性。当组织较为复杂而有多项目标时，一般在某段时间只能集中注意于某一特定目标，而其他目标可以模糊处理。同样地，就长期目标和短期目标来讲，短期目标要非常明确，而中期目标和长期目标可以相对模糊。

（三）权变管理理论在组织结构方面的观点

权变管理理论在组织结构方面的观点是，把企业看成一个“开式系统”，一个受外界环境影响而又对外界环境施加影响的系统。成功的企业都是整体化的途径适应于外界环境因素的企业。总之，没有一成不变的“最好的”组织设计。不同的工业部门和不同的企业，以及同一企业的不同发展阶段，都要因时、因地制宜，设计出不同的组织结构，采取不同的管理方法，才能取得成功。为了对企业的组织结构做进一步的研究，权变管理理论把企业分成一些不同的结构模型，并有不同的划分方法。主要有以下四种。

1. 伍德沃德分类法

英国女管理学家伍德沃德（Woodward Joan，1916—1971）认为，每一种有着类似的目的和类似工艺技术复杂程度的生产系统，都有其独特的组织模型和管理原则。她按照生产系统的工艺技术复杂性和连续性的程度，把企业分为单件和小批量生产、大批量生产伴有单件生产、大批量和大量生产、大批量生产伴有流水生产、流水生产五种类型。这五种类型再结合其他的目标，可以把企业归纳为以下三种类型。

（1）单件和小批量生产的企业。它主要生产顾客的“订货”或“定做”的产品。

（2）大批量和大量生产的企业。其产品大部分是标准化或统一的，只在最终外形上有些变化。

（3）长期的流水作业生产的企业。它的标准产品通过预先规定的工艺程序制造出来。

把企业分成这样三类，就可以不必对各个企业所用工艺技术的渐进性进行比较，只集中考察企业的管理层次、管理幅度、管理人员同其他人员的比例等这些组织特点。

2. 皮尤等人的分类法

英国管理学家皮尤（D S Pugh）等人在 20 世纪 60 年代和 70 年代对

英国企业的组织结构做了大量的调查研究，之后发现，不能采用单一的行政组织类型，而必须以可衡量并能够得到资料的一些结构上的变数来对企业组织进行分类。按照结构变数把企业划分为七种类型，即工作流程一行政组织型、人员一行政组织型、含蓄结构型、完全的行政组织型、前工作流程一行政组织型、萌芽状态的工作流程一行政组织型、萌芽状态的完全行政组织型。

3. 劳伦斯等人的分类法

劳伦斯（P R Lawrence）等人的分类法强调外界环境的影响。他们用“分化”这个词来表示一个企业适应于外部环境而划分为各个小单位的程度；用“整体化”这个词来表示企业中各个小单位的协作或工作的统一。他们选择了在稳定和变化情况下各不相同的三类环境进行分析比较：第一类环境是高度稳定和变化较少的，这类环境中选择了集装箱工业。第二类环境的稳定程度是中等的，这类环境以食品工业为代表。第三类环境是很不稳定而变化极快的，如塑料工业。他们对这三类工业中大量的成功企业和失败企业进行研究，发现成功的企业都是整体化的途径适应于外界环境因素的企业。总之，没有一成不变的“最好的”组织设计。不同的工业部门和不同的企业，即使同一企业的不同发展阶段，都要因时、因地制宜，设计出不同的组织结构，采取不同的管理方法，才能取得成功。

4. 赫里格尔等人的分类法

赫里格尔（D Hellrigel）等人依据企业的外部环境和工艺技术两个方面的因素，把企业分成四类模型：一是市场条件等外部环境变化快、内部各种产品之间工艺技术差别大的企业，如美国通用汽车公司；二是外部环境因素的变化较快、内部产品品种较多，但工艺技术上差别不大的企业，如美国的休斯飞机公司；三是市场条件等外部环境因素较为稳定、产品品种较简单、工艺技术较稳定的企业，如美国大陆包装品公司；四是外部环境因素十分稳定而产品非常单一的企业，如美国麦当劳联号餐厅公司。

（四）权变管理理论在领导方式方面的观点

权变管理理论认为，并不存在一种普遍适用的“最好的”或“不好的”领导方式。一切依企业的任务、个人和团体的行为特点以及领导者和职工的关系而定。下面介绍几个关于领导方式的理论。

1. 菲德勒的权变领导模型

菲德勒（F E Fiedler）曾用十几年时间对1000多个团体进行调查，来研究领导方式问题。根据调查研究的结果他认为，领导效率的高低取决于以下两个方面的因素：一是企业领导者对其同事和下属的看法和感觉，会影响领导者与被领导者之间的关系；二是对领导者是否有利的情况。把这两个方面的因素结合起来考察，可以得出以下两种结论：第一，以人际关系为中心的领导方式，在对领导者有利的情况为中间状态的环境中效率较高；以工作为中心的领导方式，在对领导者非常有利或非常不利的环境中效率较高。所以，不能说哪一种领导方式最好或不好，必须把环境、领导者和下属的情况、工作类型等方面的因素综合起来考虑。不同的情况适合采用不同的领导方式。第二，要提高领导效率，可以从决定领导效率高低的两个方面着手，即一方面改变领导者的个性和领导方式，另一方面改变领导者是否有利的情况。这可以从改变领导者同下属的关系、改变工作结构程度的高低、改变领导者的地位权力三个因素入手。

2. 雷定的三因素领导效率模型

雷定（W Reddin）认为，领导效率的模型决定于对工作的关心、对人的关心和效率高低三种因素。前面两种因素的不同结合，形成四种基本类型。在每种基本类型中，再按照效率高低分成两种类型，共为八种类型。

第一种基本类型是分离的情况，即对工作和职工都不太关心，两者是分离的。按照效率高低又分成两种类型：一是领导者对工作和职工都不太关心，效率低；二是领导者虽然对工作和职工都不太关心，但还遵守规章制度，并且不把他的不关心公开表示出来，所以效率较前者高。

第二种基本类型是关心的情况，即对职工的关心程度高而对工作的关心不够。又分成两种类型：一是领导者主要关心人际关系，担心由于破坏了和谐关系而受到谴责，因而效率较低；二是领导者努力开发职工的才智，并为职工的满足和激励提供条件，并信任职工会做好工作，但对工作不够关心，因此，虽然比前者的效率高，其希望却不一定能够实现。

第三种基本类型是献身的情况，即对工作的关心程度高而对职工的关心不够。又分为两种类型：一是领导者由于对职工缺乏关心，又想采用压制手段来达到目的，引起职工的不满，因而效率较低；二是领导者通常是绝对自信的，但有技巧说服职工来达到目的，并能设法避免职工的不满，因而其效率较前者高。

第四种基本类型是结合的情况，即对职工和对工作都很关心，两者结合得较好。又分为两种类型：一是领导者对工作和职工都很关心，但决策不当，过于重视眼前利益而忽略了长远利益，因而效率不太高；二是领导者不但对工作和职工都很关心，而且善于在承认各人的不同情况、兼顾眼前利益和长远利益的基础上做出恰当的决策，因而效率高，是理想的类型。

3. 豪斯（R J House）等人的目标—途径领导理论

目标—途径领导理论是以期望概率模式理论和领导方式的双因素模式为依据而发展出来的。这种理论认为，领导者的效率是以他能激励下属达到组织目标，并在其工作中得到满足的能力来衡量的。这种理论的关键是领导者影响下属的行为和目标间的“途径”的方法。这种理论认为，管理行为只有当职工认为能满足其眼前的和未来的需要时，才能为职工所接受并受到他们的欢迎；领导者需认识到，职工存在工作目标的需要，并且要激发职工的这种需要；领导者要使达到工作目标以后的报酬对职工更有吸引力（即增加目标成果的强度），从而提高对职工的激励；对职工加以指引和训练等，使得达到这个目标的途径更易于实现；当职工的工作规定不够明确时，领导者可以通过明确规定目标、给以支持性的监督以及对职工进行训练等来减少工作的模糊性，从而提高达到工作目标的期望概率；当职工的工作规定很明确时（如重复性的装配线工作或机器维修工作），即“目标—途径”的关系已经很清楚时，就不要再采用指令性的工作结构；要消除职工实现目标的障碍，并增加其个人满足的机会；领导方式有指示式、支持式、成就指向式和参与式四种，至于到底采用哪种领导方式更好，取决于权变因素；领导方式的选用没有固定不变的公式，要根据领导方式与权变因素的恰当配合来考虑。

4. 领导方式连续统一体

领导方式连续统一体是美国管理学家坦南鲍姆（R Tannenbaum）等人提出的一种权变领导理论。这种理论认为，存在着多种多样的领导方式，它们形成一个连续的统一体。其中的两个极端是专制的领导方式和民主的领导方式，中间则是领导者权力和下属权利多种不同结合的方式。不存在“最好的”领导方式，一切取决于领导者、被领导者和环境因素（任务性质、职权关系和团体动力）。在这个连续统一体中，按照上司权力从大到小、下属权利从小到大的顺序，可以举出以下 7 种有代表性的模型：①上司做出并宣布决策；②上司“销售”决策；③上司提出计划，并允许下属提问题；④上司提出可以修改的暂定计划；⑤上司提出问题，征求建议，然后做出决策；⑥上司规定界限，让下属的团体做出决策；⑦上司允许下属在规定的范围内行使职权。在上述各种模型中，到底应该选择哪一种？不能做抽象的回答，而要依据情况做具体的分析。需要考虑的因素有上司方面的因素、下属方面的因素、形势方面的因素等。此外，领导还要从长期的、战略的观点来考虑，才能从领导方式连续统一体中选择出一个恰当的领导方式。

5. 领导—参与模型

领导—参与模型是弗鲁姆（V H Vroom）等人提出的一种权变领导模

型。它不同于把领导者的个性看成固定不变的、通过调整环境来适应领导者个性的菲德勒模型，而主张领导模型适应情况变化而随时变动。它试图确定适应特定环境和情况的领导方式，这些领导方式是由下属参加决策的程度来决定的。领导方式有五种典型模型（式中的 A 代表专权，C 代表协商，G 代表团体，英文字母后面的罗马数字代表该种类型的变型）：AI 型，领导者运用手头现有的资料，自己解决问题，做出决策；AII 型，领导者向下属取得必要的资料，然后自己做出决定；CI 型，以个别接触方式让下属知道问题，取得下属的意见或建议，随后由领导者做出决策；CII 型，让下属集体了解问题，集体提出意见和建议，随后由领导者做出决策；GII 型，让下属集体知道问题，并一起评议和提出可供选择的方案，争取获得解决问题的一致意见。弗鲁姆等人认为，影响决策效果的因素有决策的质量和合理性、下属接受决策和对有效地实施决策承担责任的程度、制定决策所需时间的长短。根据这三项因素，再结合信息规则、目标一致规则、课题明确规则、下属接受规则、避免冲突规则、公平合理规则、接受优先规则这七条规则，就可确定采用何种领导方式为宜。

6. 领导方式生命周期理论

领导方式生命周期理论是卡曼（Karman）提出的一种三因素的权变领导理论。他认为，领导方式应由工作行为、关系行为、下属的成熟程度这三个因素来决定。随着下属成熟程度的由低到高的变化，形成一个领导方式的生命周期，一般为“高工作、低关系”→“高工作、高关系”→“低工作、高关系”→“低工作、低关系”。

（1）“高工作、低关系”是命令式的领导方式。当一个工人刚进厂时，成熟程度低，经验和自觉性都较差，这时的领导方式应该是多强调工作行为，明确规定其工作任务，并加强指导，不能让他过多地行使自行做主的权利。

（2）“高工作、高关系”是说服式的领导方式。当工人进厂一段时间以后，工作经验和自我控制能力都逐渐增长，这时的有效领导方式是，在工作指导方面还不能放松，但不是采取简单命令的方式，而是通过说服方式，使工人通过自我控制来完成工作任务。

(3)“低工作、高关系”是参与式领导方式。当工人更为成熟、工作上更为熟练、自我控制能力更强时，有效的领导方式应该是吸引工人来参与决策，进一步发挥工人的主动性、积极性，而不必在工作上对工人做太多的规定和约束。

(4)“低工作、低关系”是授权式领导方式。当工人在工作和性格上都已高度成熟时，有效的领导方式应该是授权给他，让他放手去干，不要多加干预。

“下属的成熟程度”既可用于同一个人在发展过程的不同阶段，也可用于同一时期不同的人。例如，在同一单位中，低级科技人员的成熟程度一般比高级科技人员要低。对低级科技人员就要采用“高工作、低关系”或“高工作、高关系”的领导方式，而对高级科技人员要采用“低工作、高关系”或者“低工作、低关系”的领导方式。

7. 唐纳利等人的领导模型

唐纳利（J H Donnelly）等人认为，领导者个人的经历和经验会对“领导者的品质”和“领导者的理解”这两个方面产生影响。“领导者的品质”是指对领导者影响其他人的能力有较大作用的个人品质，如自我认识、对自己能力的信心、信息联系的能力以及对任务的了解等。“领导者的理解”是指领导者对下属、环境、自己的理解。“领导者的品质”和“领导者的理解”这两个方面互相影响，然后共同决定领导者对别人施加影响的能力，从而决定下属能否取得较高的生产率和满足感，下属团体是否有较高的士气，旷工率和离职率是否能降低，下属是否能得到发展，等等。唐纳利等人认为，这种模型特别适用于情况变化迅速的环境。

二、二维领导模式理论

二维领导模式是领导行为理论的重要组成部分。二维是指领导对人的关心维度和对工作的关心维度。这一理论主要包括领导四象限理论和管理方格法。

（一）领导四象限理论

领导四象限理论是行为科学家斯托格第等人于 1945 年提出的一种领导方式的模式。他们认为，组织中的领导行为主要涉及两个因素：一是主动结构，二是体谅结构。主动结构是以工作为中心，体谅结构是以人际关系为中心。根据他们的研究，同一位领导者可能注重工作多一些，注重人际关系少一些，然而单靠哪一种因素都不能实现高效率的领导。所以，领导者通常是两个方面兼有的综合体。一个好的领导者必须在组织需要和职工个人需要之间进行调节，找出最恰当的方式。基于这一观点，他们首创了表示主动结构和体谅结构两个因素多种结合情况的四分图，如图 9–1 所示。

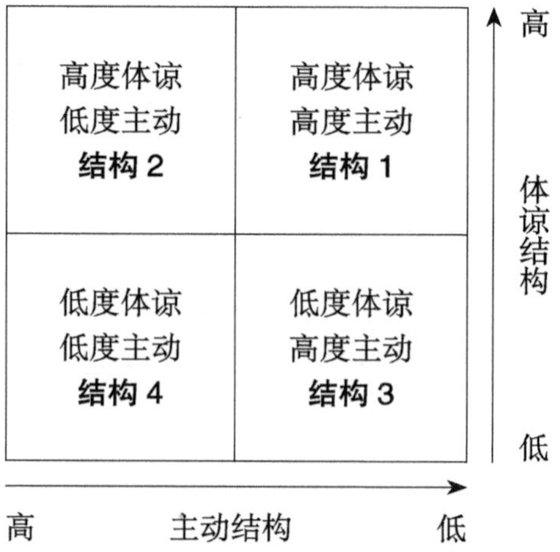

图 9–1　主动结构与体谅结构四分图

在第一象限，领导者对人和工作二者均关心。在第四象限，领导者对人和工作都比较淡漠。在第三象限，领导者最关心工作，对工作高度主动，忽视对人的关心。在第二象限，领导者最关心的是领导与下属之间的关系，互相尊重的气氛较浓，而对工作的关心程度略低。领导行为的四象限理论可以使我们能同时兼顾领导行为的两个方面。斯托格第等人的这项研究工作，为以后许多类似的研究奠定了基础，如管理方格法就是以此为基础而发展起来的。

（二）管理方格法

管理方格法是美国行为科学家布莱克等人于 1964 年提出的。他们认为，企业中的领导方式是“对人的关心”和“对生产的关心”两种不同方式的结合。对此，他们提出了管理方格法，主要是为了避免企业领导采用极端方式，要么以生产为中心，要么以人为中心。应该采取各种综合的领导方式，如图 9–2 所示。

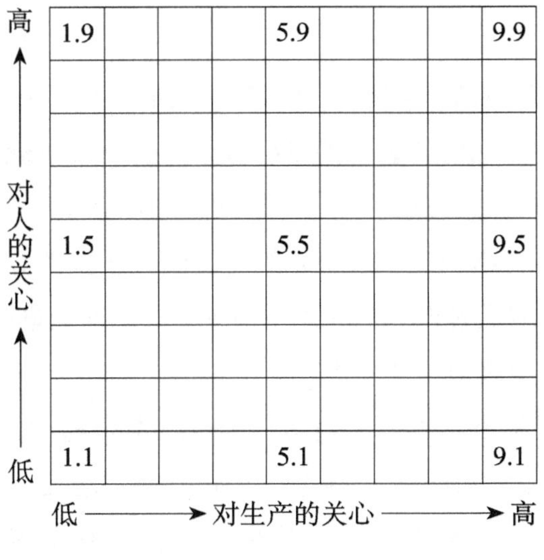

图 9–2 “对人的关心”与“对生产的关心”结合关系图

纵轴表示对人的关心，自下而上，关心的程度由低到高；横轴表示对生产的关心，自左而右，关心的程度由低到高。图 9–2 中共有 81 个小方格，代表 81 种不同比例相结合的领导方式。

“9.1”的管理方式，表示领导者重点关心工作，不太注意人际关系，管理人员的权力很大，负责计划、指挥和控制下属的活动，以便实现企业的生产目标，这叫“任务型管理方式”。

“1.1”的管理方式，表示对人和生产两个因素都很少关心，必然会导致失败，这是很少见的一种极端情况，可以叫作“贫乏型管理方式”。

在“1.9”管理方式中，强调的是满足人的需要，认为只要职工心情舒畅，生产一定能搞好，而对指挥监督、规章制度等重视不够，可以叫作“乡村俱乐部型管理方式”。

在“5.5”管理方式中，承认管理人员在计划、指挥和控制上的职责，但它主要是通过引导、鼓励而不是通过命令来实现的。这种管理方式既不偏重人的因素，又不偏重生产的因素，但缺乏革新精神，职工的创造性得不到充分发挥，在激烈的竞争中难免会失败，可以叫作“中间型管理方式”。

“9.9”的管理方式，表示“对生产的关心”和“对人的关心”都很强烈。这种管理方式能使组织的目标和个人的需要最理想、最有效地结合起来。它要求创造出这样一种工作条件，使得职工了解问题，关心工作的成果。这样，当职工了解了组织的目的并认真关心其成果时，他们就会自我指挥和自我控制，而无须用命令形式对他们进行指挥和控制了，可以叫作“战斗集体型管理方式”。

除了以上五种基本类型，还有几种准基本型的中间类型。如“9.5”是以工作为中心的“准战斗集体型”，“5.1”是“准任务型”，“5.9”是以人为中心的“准战斗集体型”，“1.5”是“准乡村俱乐部型”。企业领导者应该客观地分析企业内外的各种情况，努力把自己的领导方式改造成为

“9.9”型的“战斗集体型”，以求得最高的效率。

那么怎么改造呢？可分为以下六步：第一步，学习。主要学习管理方格法的基本原理。第二步，评价。共同讨论自身处于管理方格图中的什么位置。第三步，分小组讨论。对“9.9”型的规范进行研究。第四步，确定组织目标。在利润、成本控制、安全等方面要达到什么要求。第五步，讨论如何才能实现目标，如何把企业目标同个人需要相结合。第六步，巩固成果。建立规则，形成制度。

三、经理角色理论

美国行为科学家明茨伯格等人首先创立的经理角色理论，是一种具有长远指导意义的领导行为理论。即使在今天，经理角色理论仍然具有现实的应用价值。经理角色理论包括经理工作的特点、经理担任的角色、经理职务的类型、经理工作效率的提高等内容。

（一）经理工作的六个特点

明茨伯格等人认为，经理工作有以下六个特点。

一是工作量大，步调紧张。由于负责全面工作，经理职务本身具有广泛性，工作没有一个明确的结束标志，必须永远前进，永远以紧张的步调工作。

二是活动短暂，多样琐碎。明茨伯格的调查表明，总经理每天平均有 36 个电话联系，而每个电话往往涉及不同的事，有半数不到 9 分钟便完成了，都很简明扼要，平均只有 6 分钟；中层或基层的经理，这种短暂性更为突出。

三是把现实的活动放在优先地位。经理倾向于把注意和精力放在现场的、具体的、非常规的活动上。他们强烈地希望获得最新信息，因此，他们经常通过闲谈、传闻、推测等来收集非正式的、即时的信息。

四是爱用口头交谈方式。口头交谈（包括电话交谈）除了传递字句里的信息外，还能传递情感和态度信息。

五是重视与外界和下属的联系。经理同三个方面维持信息联系，即上级、下属和外界，包括顾客、企业业务上的朋友和供货者、其他企业的总经理、政府和同业协会的官员、董事以及其他人物，以便及时从外界获得信息。

六是权力和责任相结合。经理的责任重大，经常有紧急事务要他处理；同时他也有很大的权力，可以采取一些措施，在解决问题的过程中想出一些新的主意，把问题变成机会，为企业的发展服务。

（二）经理担任的十种角色

经理在组织中主要担任以下十种角色。

一是挂名的首脑角色。经理由于其角色的正式与权威性，是一个组织的象征，所以必须履行组织的职责。这些职责中有些是例行公事，有些带有鼓舞人心的性质，但全部是人际关系方面的活动，而没有一项涉及重大的信息联系或决策。

二是领导者角色。经理作为一个组织的正式首长，要负责对下属进行激励和引导，包括对下属的雇用、训练、评价、报酬、提升、表扬、批评、干预，以至开除。经理的领导者角色渗透于经理的各种活动之中。

三是联络者角色。经理是同组织以外的无数个人和团体维持关系的重要网络，代表着经理职务中一个关键部分的开始。然后，通过发言人、信息传播者和谈判者等角色进一步发展这种联系，并获得这种联系所提供的好处和信息。

四是信息接收者角色。经理可以获得大量有关组织内外的信息，可以察觉出各种变化，发现问题和机会，做出决策。经理最需要接收的是口头传递的、即时的、能迅速引起反应的信息，而这些信息很难从正统的信息系统中得到，所以经理必须设计他自己的信息系统。

五是信息传播者角色。就是把外部信息传播给他的组织，把内部信息从一位传播给另一位。经理作为信息传播者角色的一项重要作用就是在组织中传递有关价值标准的陈述，以便指导下属正确决策。信息传播者角色同授权有密切关系，因为委托下属处理事务，就必须让下属知情。

六是发言人角色。经理的发言人角色是代表组织向外部传播信息。经理作为组织的权威，被外界要求其代表组织来讲话；同时，他作为组织的神经中枢，也拥有充分的信息来这样做。

七是企业家角色。就是充当本组织许多变革的发起者和设计者。

八是故障排除者角色。经理解决问题，可能是对一种不太严重的故障做出反应，但也可能是他主动采取措施避免一次严重故障。

九是资源分配者角色。资源分配是组织战略制定系统的核心。广义的组织资源包括时间、金钱、材料、设备、人力以及信誉。经理可以决定耗用或保存这些资源。经理的资源分配者角色由安排自己的时间、安排工作和批准管理措施的实施三个部分组成。

十是谈判者角色。组织不时地要同其他组织或个人进行重大的、非程序化的谈判，这种谈判通常是由经理带队进行的。

经理的上述十种角色是一个相互联结的整体，不能割裂开来。这十种角色都包含专业化的活动，所以经理也是一个专业工作者。

（三）经理职务的八种类型

经理职务存在一些差异性。形成经理职务的差异性的原因，主要有环境的因素、职务的因素、个人的因素和情境的因素。这些因素的影响造成的差异使经理的职务形成不同的类型。

一是联系人型。有些经理把大部分时间用于联系能给他的组织提供优惠、订货单和信息的人。这类经理还通过演说或提供优惠等方式为自己和组织树立信誉。许多销售经理和服务行业中的一些经理就属于这种类型。

二是政治经理。这类经理也把一大部分时间用于同外界打交道，但其目的不同于“联系人”，而是调和不同的政治势力，经常地会见董事，等等。他的关键角色是发言人角色和谈判者角色，绝大多数政府机构和公共机构（包括大学和医院等）的高层经理都属于这种类型。

三是企业家型。他们把很大一部分时间用于寻找机会及实行组织变革，他的关键角色是企业家角色和谈判者角色。

四是内当家型。他们主要关心如何维持企业内部业务的平稳进行，大都把时间用在建立机构、培训人员、监督下属正常工作上。高层的生产经理或业务经理就属于这种类型，他们都努力建立并维持一个稳定的生产系统。一个组织中在由两人组成的最高领导中，有一个人是“联系人”时，另一个人就可能是“内当家”。

五是实时经理。这类经理同“内当家”类似，主要关心维持组织内部的业务，但其时间尺度和处理的问题有所不同，这类经理可以叫作“实时经理”或“解决问题的能手”。他们主要从事组织的当前业务，致力于保证组织的日常工作持续而不中断，因此，他们特别重视故障排除者角色。实时经理的工作极为琐碎，联系工作很多而且时间很短，用于处理邮件或书面报告的时间都很少。

六是协调经理。这类经理也是面向组织内部的，但他们关心的主要是创造出一个团结一致的整体并有效地进行作业。当一个组织必须在各种技术专家之间进行困难的协调时，就需要这种类型的经理，如从事复杂的规划项目的研究和发展的团体首脑等。协调经理最重视的是领导者角色。

七是专家经理。在某些情况下，一个经理除了担任通常的经理职务以外，还必须担任一个专家的职务。这类经理往往是一个专家参谋集团的首脑，在大组织中作为专业化信息的中心。他们的绝大部分工作是与其专业职能相联系的，虽然还从事一般的经理工作，但不占重要的地位。他们在办公桌前单独工作的时间较多，做许多有关读和写的工作，所从事活动的琐碎性和多样性较弱，受到的压力较小；他们在非直线联系方面（如对别人提出建议）花费的时间较多。

八是新经理。这类经理是新近担任经理职务的。新经理在任职开始时缺乏联系和信息，会集中精力扮演好信息接收者和联络者的角色，努力建立起联系网络和信息基地。在他们拥有更多的信息和联系以前，决策方面的角色不能充分地发挥作用。当他们有了足够的信息和联系以后，他们会有一段时间强调企业家角色，然后可能会安下心来成为某种其他类型的经理，如联系人、内当家或实时经理。

（四）关于提高经理工作效率的十个要点

经理角色理论关于提高经理工作效率有以下十个要点。

一是促进信息的共享性。经理必须采取适当的途径，如口头传达和书面传达，将自己掌握的市场信息、组织目标和计划传达给下属，为上下协调一致创造条件。

二是克服工作的表面性。经理的工作由于量大、紧张、多样、琐碎、简短，很容易浮于表面。经理必须统揽全局，抓住关键，权衡工作的轻重缓急。对于一般问题要善于授权，由他人处理；对于重要、复杂、敏感的问题，必须亲自处理。

三是注重职务的分担性。经理职务可由两三个人分担，形成“两位一体”“三位一体”“管理小组”“总经理办公室”等领导体制。其中，“两位一体”的形式尤为普遍。由一个人主外，另一个人主内。

四是服务目标的确定性。利用各种工作机会为实现组织目标服务。比如，处理危机时，可以趁机进行某些必要的改革；处理礼节性事务时，可以为组织开辟路径、疏通渠道。

五是摆脱应酬的纠缠性。必须努力摆脱一些非必要的工作，腾出时间规划未来，使组织能够稳定运行，适应未来挑战。

六是注重角色的特质性。虽然经理要全面担起十种角色，但要有所侧重。新任职的经理要先以联络者和信息接收者的角色为重点，以后要以企业家角色为重点，当处于巩固变革阶段时则以故障排除者角色为重点。

七是统揽全局的概括性。经理所面临的情况，就像一个人拼凑七巧板那样，虽然用的是零星小块，但不能忘记整体图样。他们必须掌握必要的信息，参考别人提出的各种模型，如理论上的经济模型、市场上的消费者行为模型、企业内的职工工作动力模型、生产过程模型等。经理要把别人提出的模型同自己脑中的模型相比较，取长补短，形成最适合当时形势的模型。

八是评价本身的客观性。经理凡事要谨慎。因为领导者的一句草率的议论或随便透露的信息都会通过多种形式渗透下去，对组织产生重大的影响。

九是处理关系的合理性。对组织施加影响的有各种力。从内部来讲，职工要求民主化和参与管理；从外部来讲，除了股东以外，政府、工会、公众、学者、顾客、供货者等都在施加影响。经理必须对这些力量的利益和要求加以平衡，妥善处理。

十是吸收经验的充分性。经理可以在编制工作日程、做出战略决策、拟订应急计划等方面充分吸收管理科学家的智慧。

四、支持关系理论

支持关系理论是由美国行为科学家伦西斯·利克特（R Likert）提出来的。利克特认为，领导者要考虑下属职工的处境、想法和希望，支持职工实现其目标的行动，让职工认识到自己的价值和重要性，认识到自己在工作中获得的经验有助于个人价值的实现。领导者支持职工，由此激发起职工的信任感，进而对领导者采取合作态度，支持领导者，这就是相互支持原则。支持关系理论包括以下内容。

（一）支持关系理论的核心是注重人际关系

在所有的管理工作中，对人的领导是最重要的中心工作，其他工作开展得如何都取决于它。各个企业，即使是同一行业的企业，既有生产率高的，也有生产率低的。造成这种生产率差异的主要原因是各企业领导者所采用的领导方式不同。生产率高的企业采用的是以职工为中心的领导方式，管理人员强调的是工作中的人际关系，对职工只进行“一般性的”而不是“严密的”监督。其结果不但生产率较高，而且团体中的内聚力高、士气高，职工中不安情绪少、离职率低。生产率低的企业采用的是以工作为中心的领导方式，管理人员注意的中心是生产，对工作的技术方面更感兴趣，对职工进行严密的监督，对其施加不必要的压力，对琐碎事情横加指责，动辄予以批评和处罚。结果，团体的内聚力低、士气低，职工中不安情绪多、离职率高，生产率也低。

（二）管理人员的领导方式的四种类型

利克特认为，管理人员的领导方式有四种类型，即四种制度。这四种制度及其特点如下。

1. 专权的命令式

企业管理当局对下属毫不信任，很少让下属参与决策。大部分的决策和组织目标都是由高级管理阶层决定并向下推行的。下属被迫在恐惧、威胁、处罚之下工作，报酬不多，至多只能满足生理上的需要和安全上的需要。上下级之间的信息交流很少，即使有些信息交流，也是在恐惧和互不信任的气氛中进行的。在这种制度之下，最容易形成与正式组织的目标相对立的非正式组织。

2. 温和的命令式

重要方针由最高阶层制定，具体决策则由较低阶层按照规定做出。企业管理当局一方面用报酬，另一方面用有形与无形的惩罚来激励和督促职工完成生产任务。上下级之间的信息交流虽然较多，但并不是以平等地位以及在互相信任的气氛中进行的。最后的控制权仍属于最高阶层，但中、下管理阶层也有某些控制权。在这种制度之下，通常也会形成非正式组织，但其目标不一定同正式组织的目标相对立。

3. 协商式

企业管理当局对下属有很高的信任度，但并不完全信任。重要方针由最高阶层制定，但下属对较低层次的问题可做出决定。组织中的信息交流是上下并行地进行，通常是在浓厚的信任气氛中进行的，一部分的控制权由上级授予下属掌握，职工不论上下都有责任感。企业管理当局主要采用付给报酬（包括精神上的报酬）的方式，偶尔也采用惩罚或让职工参与的方式来激励和督促职工完成生产任务。在这种制度中，可能产生非正式组织，但它一般支持正式组织的目标，只会部分地反对正式组织的目标。

4. 参与式

企业管理当局对下属有足够的信心并完全信任，决策权和控制权不是集中于上层，而是分布于整个组织中，较低阶层也能参与。不仅有上下级之间的信息交流，而且有同事之间横向的信息交流，这些信息交流是在互相信任和友好的气氛中深入进行的。在这种制度之下，非正式组织同正式组织通常是合而为一的，所有的力量（包括工作上的和人际关系上的）都为实现组织目标而努力；同时，组织目标同职工的个人目标也是一致的。

在上述四种制度（即四种领导方式）中，第一种制度是传统的领导方式；第二种、第三种制度同第一种制度虽然有程度上的差别，但并无本质上的不同，都属于命令式或权力主义的，前三种制度可以统称为权力主义管理方式；只有第四种制度（参与式管理方式）才是效率高的管理方式。对人的激励形式有四种：经济激励、安全激励、自我激励（成长和自我实现的需要）、创造激励（好奇心、对新经验的需要和创新）。因此，组织必须不断地向其成员提供这四种激励，并逐渐加强这些激励，以促进组织成员完成组织的目标。参与式管理方式正是按照这种需要建立起来的。

（三）支持关系理论的验证

利克特设计了一种调查表来调查职工对领导、激励、信息交流、决策、相互作用与影响、目标设立与控制过程等方面的意见。调查结果表明：第一，一个企业的领导者如果在管理中以职工为中心，即领导者不仅关心职工的工作，而且较多地关心职工的需要和愿望，则该企业的生产率较高；如果以工作为中心，即领导者主要关心职工的工作，而较少考虑职工的需要和愿望，则该企业的生产率较低。第二，一个企业的领导者同职工接触的时间较多者，生产率较高；同职工接触的时间较少者，生产率较低。第三，一个企业的领导方式越是民主、合理，采取参与式管理的程度越高，则生产率越高；越是专权、不合理，采取权力主义管理的程度越高，则生产率越低。总之，企业的领导方式对生产率的高低有极为重要的影响。

五、领导行为理论对我们的启示

领导行为理论对我们有以下几个方面的启示。

第一，领导行为既是一门科学，也是一门艺术。说它是一门科学，因为它有内在的运行规律；说它是一门艺术，因为它需要因人、因事、因时而不断地做出调整，适合的才是最好的，它需要在实践中不断检验、不断磨合、不断调整。

第二，好的领导既要关心工作，更要关心员工。职务是因为工作的需要而设立的，但完成工作任务必须依靠人的努力。只有千方百计地调动人的积极性，才能做好工作。

第三，在决策前，到底民主与集中（或叫专制）哪个多一些更好，这不是绝对的，要看工作性质以及领导对象的成熟度和自律性。面对研究性工作，决策前民主要多一些；面对应急性工作和常规性生产，决策前集中要多一些。

第四，好的领导者总是考虑下属职工的处境、想法和希望，支持职工实现其目标，让职工认识到自己的价值和重要性，认识到自己在工作中获得的经验有助于个人价值的实现。把职工的目标同企业的目标统一起来，才能不断地提高企业的生产效率。

第十章

现代管理理论综述

Management

Thoughts：Development and Reference

现代管理理论内容丰富，在管理思想发展的历史进程中居于重要地位。现代管理理论是第二次世界大战以后到20世纪80年代初的整个历史时期出现的各种管理理论的统称，它标志着西方管理理论从“经济人”“社会人”到“复杂人”假设的第三个发展阶段。

一、现代管理理论产生的背景

现代管理理论的产生有其特定的社会历史背景，主要表现为以下几个方面。

（一）第二次世界大战后经济的恢复与重建

第二次世界大战以后，美国在战争中得到了巨大发展，成为超级大国，而英国和法国沦为二等国家。从1961年1月到1969年10月，美国经济持续了106个月的高速增长，这一时期是美国经济的繁荣时期。其他许多国家也都致力于重建和发展本国经济，生产规模急剧扩大，生产的社会化程度日益提高，这一切推动了对管理的深入研究。许多管理学者结合前人的经验和理论，从不同角度出发对管理进行了多方面的研究，提出各种不同的分析方法和思想，产生了多种管理学派。

（二）科学技术的迅猛发展

第二次世界大战以后，科学技术的发展取得了巨大的突破：一是原子能的应用和开发使人类进入第三次能源革命；二是计算机的诞生、应用改变了人类生活的方方面面，使人类的生产力产生了巨大的飞跃，推动了管理理论的发展；三是新材料的不断发现和应用给工业和生活带来了巨大变革；四是空间技术和生物工程技术的应用与发展使社会生产力得到了进一步解放。

科学技术的发展促进了劳动生产率的提高，创造了扩大再生产的物质条件，开辟了广阔的商品市场。

（三）企业结构发生变化

第二次世界大战后，资本主义世界的企业发生了一系列变化，具体表现在以下几个方面。

一是垄断企业规模朝着大型化发展。在发达资本主义国家中，大企业不断增加，社会大生产逐渐集中于少数大企业。这就给企业管理提出了更多的新问题，从而促进了管理思想的发展。

二是垄断企业混合合并。这种大规模的混合合并，使大多数垄断企业都变成了跨部门、多样化的经营联合企业。

三是大、中、小企业协作化发展。并不是所有市场大企业都能覆盖，大企业为了充分发挥企业经营多样化和专业化的优势，需要小企业的支持，大企业与中小企业协作形成了大、中、小企业相互补充、相互利用的系列经营网络。

四是企业股份高度分散化。大企业发行了大量小面额股票以分散股权，这也是资本主义企业向垄断企业方向发展的必经之路。

五是企业不断向国际化方向发展。建立跨国公司是垄断资本国际化的主要形式，也就是通过对外投资，在国外设立分公司或子公司，从事跨国经营活动。

综上所述，第二次世界大战以来，由于国际形势的各种变化企业也发生了很大的变化，这就给管理提出各种各样的要求。应用什么样的管理理论来指导巨型企业？如何进行跨国界、跨地区、跨文化的企业管理？由于人们心理、行为的多样性以及对客观事物认识的深度和广度的不同，使得管理理论出现了各种不同的观点和不同的流派，它们构成了现代管理理论的主流。

（四）现代管理理论产生的方法论基础

现代科学理论中的“老三论”，即系统论、信息论和控制论，以及“新三论”即耗散结构论、协同论和突变理论是现代管理科学的方法论基础。

系统论是由美籍奥地利人、理论生物学家路德维希·冯·贝塔朗菲创立的。1952 年，他提出系统论的思想。1973 年，他提出一般系统论原理，指出系统是由部分构成的整体。系统论认为，系统的特征是指它的整体性、关联性、等级结构性、动态平衡性、时序性。系统论的核心思想是系统的整体观念。贝塔朗菲用亚里士多德的“整体大于部分之和”的名言来说明系统的整体性。同时他认为，系统中的各要素不是孤立地存在的，在系统中都处于一定的位置，起着特定的作用。要素是整体中的要素，如果将要素从系统整体中分隔出来，它将失去要素的作用。系统论的基本思想方法就是把对象当作一个系统，分析系统的结构和功能，研究系统、要素、环境三者的相互关系和变动的规律性。认为系统是普遍存在的。系统论的任务，不仅在于认识系统的特点和规律，更重要的还在于利用这些特点和规律去控制、管理、改造或创造系统，使它的存在与发展合乎人的目的需要。

信息论是关于信息的本质和传输规律的科学理论，它是由美国贝尔电话研究所的数学家克劳德·艾尔伍·申农创立的。信息论分为狭义信息论和广义信息论。狭义信息论是关于通信技术的理论；广义信息论，又称信息科学，它超出了通信技术范围来研究信息问题。信息论认为，信息的产生、存在和流通，依赖于物质和能量。信息可以控制和支配物质与能量的流动。信息科学是具有方法论性质的一门科学。信息方法就是运用信息观点，把事物看作一个信息流动的系统，通过对信息流程的分析和处理，达到对事物复杂运动规律认识的一种科学方法。它的特点是，抛开对象的具体运动形态，把它作为一个信息流通过程加以分析。信息论为控制论、自动化技术和现代通信技术奠定了理论基础，为研究大脑结构、遗传密码和生命系统开辟了新的途径，为管理的科学化和决策的科学化提供了思想武器。

控制论是研究各类系统的调节和控制规律的科学。它是自动控制、通信技术、计算机科学、数理逻辑、神经生理学、统计力学、行为科学等多种科学技术相互渗透而形成的一门学科。控制论的创始人诺伯特·维纳认为，控制论是“关于在动物和机器中控制和通信的科学”。

控制论的研究表明，无论自动机器，还是神经系统、生命系统，以至经济系统、社会系统，都可以看作一个自动控制系统。在这类系统中有专门的调节装置来控制系统的运转，维持自身的稳定和系统的目的功能。控制机构发出指令，作为控制信息传递到系统的各个部分（控制对象）中去，由它们按照指令执行之后再把执行的情况作为反馈信息输送回来，并作为决定下一步调整控制的依据。

我国著名科学家钱学森于 1945 年在美国发表了《工程控制论》。电子计算机的广泛应用和人工智能研究的开展，使控制系统显现出规模庞大、结构复杂、因素众多、功能综合的特点，从而使控制论也向大系统理论发展。

耗散结构论是研究远离平衡态的开放系统从无序到有序的演化规律的一种理论。耗散结构是指处在远离平衡态的复杂系统在外界能量流或物质流的维持下，通过自组织形成的一种新的有序结构。“耗散”原意为消散，是指与外界有能量和物质交流这一特性。耗散结构是比利时统计物理学家伊利亚·普里戈金于 1969 年提出的一个概念。耗散结构论把复杂系统的自组织问题作为研究方向。在复杂系统的自组织问题上，人们发现有序程度的增加随着所研究对象的进化过程而变得复杂起来，会产生各种变异。针对进化过程时间方向不可逆的问题，提出非平衡是有序的起源，并以此为基本出发点，在决定性和随机性两个方面建立了相应的理论。例如，生物机体是一种远离平衡态的有序结构，它只有不断地进行新陈代谢才能生存和发展下去，因而是一种典型的耗散结构。人类是一种高度发达的耗散结构，具有最为复杂而精密的有序化结构和严谨协调的有序化功能。

协同论是研究系统从无序到有序转变规律的理论。赫尔曼·哈肯的协同论就是关于系统的形成、发展、从简单到复杂的条件、转变的特征和内在机制的理论。哈肯认为，系统的演变是受到某种状态参量支配。这种起支配作用的参量都是慢参量，即对外界环境变化不敏感的、变化速度很慢的参量。系统的变化无疑要受到环境的影响，但主要是由慢参量决定的。他把这种从物理系统中研究得出的结论进一步推广到一般系统，即认为任何系统的演化都是由其内部的慢参量决定的，这个假设实际上是协同论的前提。哈肯这一工作，将结构决定功能这一原理进一步具体化和精确化。哈肯发现系统的结构是由慢参量决定的，这样使得不同系统中不同的结构特征，从慢参量的角度上找到了相同的本质和规律：系统的慢参量决定系统的状态参量，而状态参量表现系统的功能。协同论使我们对系统的一般性质有了更深刻、更具体的认识。

哈肯的另一功绩是提出“自组织系统”的概念。他指出，有一类“组织系统”是依赖外界指令来活动的系统，如机械系统等。还有一类“自组织系统”是在一定物质和能量的支持下，可以自动协调各元素之间的关系，完成特定功能的系统，如生物系统、生态系统和一些经济系统。自组织系统有可能使系统从无序向有序演化。正如哈肯指明的，协同论是一门新的交叉学科，它使人们从对各种特殊系统的局限性的认识，走向对系统的统一的、普遍的认识。

突变论是研究客观世界非连续性突然变化现象的一门新兴学科，由法国数学家雷内·托姆于20世纪70年代创立。突变论的主要特点是用形象而精确的数学模型来描述和预测事物的连续性中断的质变过程。突变论与耗散结构论、协同论一起，在有序与无序的转化机制上，把系统的形成、结构和发展联系起来，成为推动系统科学发展的重要学科之一。突变论提出，高度优化的设计很可能有许多不理想的性质，因为结构上最优常常联系着对缺陷的高度敏感性，就会产生特别难于对付的破坏性，以致发生真正的“灾变”。例如，在工程建造中，高度优化的设计常常具有不稳定性，当出现不可避免的制造缺陷时，由于结构高度敏感，其承载能力将会突然变小而出现突然的全面的塌陷。突变论能够应用于许多不同的领域。

（五）现代管理理论产生的认识论基础

美国管理学家哈罗德·孔茨在1961年12月发表的《管理理论的丛林》一文中指出，在西方，到了20世纪，特别是到了20世纪40年代，才对管理进行系统的研究。最早的一批著作都是由一些富有实际经验的管理人员写出来的，如泰勒、法约尔、穆尼等人。泰勒对车间一级管理所进行的有条理的分析，法约尔从一般管理观点出发对管理经验进行的深刻总结，等等。到20世纪60年代初期，管理方面的学术论著雨后春笋般地出现，引发了众说纷纭、莫衷一是的乱局，形成了各种管理理论和管理学派盘根错节的一片丛林。

孔茨认为，造成这一现象的主要原因有以下几个。

第一，语义上的混乱。在管理学中，存在着严重的语义混乱现象。如“管理”一词，多数人认为是指通过别人或同别人一起去完成工作。这里所说的“别人”是指正式组织中的人还是所有群体活动中的人，就有不同的解释了。在管理中是对人加以统治还是进行引导或施以教育，各人也有不同的看法。

第二，对管理和管理学的定义及所包含的范围没有取得统一的意见。这样，就降低了管理理论的科学价值，不能对实际管理人员起指导作用。

第三，把前人对管理经验的概括和总结看成先验论而加以抛弃。比如法约尔、厄威克、古利克等人将管理经验加以概括和总结，提出一些非常重要的分析和见解，却被人认为是先验的假设而加以抛弃，这只会造成管理学理论上的混乱。

第四，曲解和抛弃前人提出的一些管理原则。当代的某些管理学者往往把前人提出的一些管理原则加以曲解，认为只不过是老生常谈而予以抛弃。然后，提出一些貌似不同的“新”原则。其实，这些“新”原则是前人早已发现的基本原则，只不过是用不同的话语表述出来而已。

第五，管理大师缺乏沟通。孔茨在1980年发表的《再论管理理论的丛林》一文进一步指出，在20世纪早期从事管理理论研究和著述的，都是有实际管理经验的人员，如泰勒在米德维尔钢铁公司和贝瑟利恩钢铁公司等处从事过工程、管理和咨询工作，法约尔是法国康曼色矿冶公司总经理，厄威克长期从事管理咨询工作，等等。自20世纪50年代中期以来，从事管理理论研究的主要是高等学府中受过专门训练但缺乏实际管理经验的人，这有点像医学院中教外科学的教授却从未给病人做过外科手术一样，于是难免造成混乱，并失去实际管理人员的信任。

二、现代管理理论的基本特征和内容

（一）现代管理理论的基本特征

现代管理理论具有以下十个特征。

第一，强调系统化。系统化主张一个组织就是一个系统，同时也是另一个更大系统中的子系统。现代管理理论运用系统思想和系统分析方法来指导管理活动。

第二，重视人的因素。主张管理的主要内容就是管人，对人的需要予以研究和探索，最大限度地满足人们的需要，从而保证组织目标的实现。

第三，重视“非正式组织”的作用，也就是在不违背组织原则的前提下，发挥非正式群体在组织中的积极作用。

第四，广泛地运用先进的管理理论和方法，这样有利于管理水平的提高。

第五，加强信息工作。现代管理理论强调通信设备和控制系统在管理中的作用。

第六，把“效率”和“效果”结合起来。现代管理理论在追求效率的同时，更强调组织的整体效果以及对社会的贡献和绩效。也就是强调管理的目的要体现在效率和效果之中。

第七，重视理论联系实际。现代管理理论来自众多人的实践，把实践进行归纳总结，找出规律性的东西，并将其不断发展。

第八，强调“预见”能力。现代管理理论强调运用科学的方法进行预测，以保证管理活动的顺利进行。

第九，强调不断创新。现代管理理论认为，管理就是创新。管理者应该利用一切可能的机会进行变革，从而使组织更好地适应社会环境的变化。

第十，强调权力集中。为了进行有效的管理，现代管理理论认为组织中的权力应趋向于集中。管理者通过有效的集权，把组织管理统一化，以达到统一指挥、统一管理的目的。

（二）现代管理理论的基本内容

到了 20 世纪 60 年代初期，管理理论已生长得枝繁叶茂，各种管理理论和管理学派盘根错节。1961 年，美国管理学家孔茨把当时西方的管理理论分为6个学派，即管理过程学派、经验学派、人群行为学派、社会系统学派、决策学派、数理学派。还有一些西方学者提出补充，认为还有经济分析与会计学派、管理科学学派及工业工程学派等。到了1980年，孔茨又提出西方的管理理论已经发展到11个学派：经验案例学派、人际关系学派、群体行为学派、社会协作系统学派、数学（管理科学）学派、社会技术系统学派、决策理论学派、系统学派、权变学派、经理角色学派、经营管理（管理过程或管理职能）学派。后来，国内外多数学者同意将现代管理理论归纳为六大学派，即社会系统学派、决策理论学派、系统管理学派、经验主义学派、管理科学学派和权变理论学派。

划分为六大学派，并不意味着这六大学派是彼此独立、截然分开的。它们在历史的渊源和论述的内容上存在着交叉和融合，并相互影响。其中，管理科学学派就是对古典管理理论中科学管理理论的发展，他们都将研究的重点放在操作方法和作业管理问题上，但和泰勒时期不同的是，管理科学学派突出现代管理技术在作业管理上的应用。经验主义学派和权变理论学派都体现了管理动态的特点，它们都认为不存在固定不变的管理理论和方法，因此都强调管理模式应根据具体情况来选择，但经验主义学派注重案例的研究，而权变学派试图建立起理论上的权变管理模型。最后，社会系统学派、决策理论学派和系统管理学派之间的联系体现在，它们都建立在系统科学的基础上。社会系统学派强调组织不仅是一个系统，而且是复杂的社会系统，应用社会学的观点去分析管理问题。从研究方法来说，社会系统学派与人际关系学派有着密切的关系。它们都依据相同的理论基础——“社会人”假设，产生的历史背景也几乎相同，它们都强调运用社会学、心理学来看待和研究管理问题。决策理论学派强调决策在系统运行中的重要作用；系统管理学派则突出用系统观去分析管理问题，追求系统的整体优化，重点在于建立适合于现代系统的组织结构。

由此可见，各个学派之间相互影响、相互渗透，各自又有自己的特色，这就构成了西方现代管理理论的丛林。

三、现代管理理论对管理思想的发展

（一）现代管理理论在管理思想史上的地位

管理理论从泰勒的科学管理问世发展至今，已有将近一个世纪的历史，其间经历了古典管理理论阶段，包括泰勒的科学管理和以法约尔、韦伯为代表的管理过程与管理组织理论，行为科学理论和管理科学理论阶段，之后随着行为科学和管理科学理论的继续发展、分化，演变出许多新的管理学派，形成众多风格迥异的管理理论，进入管理理论的丛林，即管理理论大发展时期。现代管理理论在管理思想史上的地位主要体现在以下四个方面。

第一，在人性认识上实现了超越。从“科学管理”到后来的“管理科学”，都将人看作“经济人”；行为科学将人看作“社会人”；而现代管理理论将人看作“复杂人”，认为人是怀着不同需要加入组织的，而且人们有不同的需要类型，不同的人对管理方式的要求也是不同的。

第二，在管理范围和组织要素上实现了拓展。管理科学适用的管理范围主要是计划与控制方面，涉及的要素是技术、组织机构和信息；行为科学适用的管理范围主要是组织活动中的人际关系，包括人和团体，所涉及的组织要素主要是人、组织机构和信息；现代管理理论适用的管理范围是组织的整个投入—产出过程，涉及组织的所有要素。

第三，在管理方法和手段上实现了高度综合。“管理科学”多用一些自然科学的方法，采取逻辑与理性的分析、准确衡量等手段；行为科学多取自社会科学的方法，采用影响、激励、协调等手段来诱发绩效；现代管理理论综合了自然科学与社会科学的各种方法，运用系统与权变的观点，采取管理态度、管理变革、管理信息等手段使组织的各项活动一体化，进而实现组织的目标。

第四，在管理目的上实现了利润与员工的满意并重。“管理科学”追求的首先是最大限度的生产率，其次是最大限度的满意，行为科学的管理目的则相反；而现代管理理论追求的不是最大限度，而是满意或适宜，并且是生产率与满意并重，或利润与人的满意并重，不存在谁先谁后的问题。

由此可见，现代管理理论是近代以来所有管理理论的综合，是一个知识体系和一个学科群。它的基本目标就是，在急剧变化的现代社会面前，建立起一个充满创造活力的自适应系统。要使这一系统能够持续高效率、低消耗地输出高功能，不仅要有现代化的管理思想和管理组织，还要有现代化的管理方法和技术手段。

（二）现代管理理论的历史贡献

现代管理理论对管理思想的历史贡献主要体现在以下十个方面。

第一，用战略的观点进行管理。根据组织的特点和组织内外环境的变化，用长远的、全面的、发展的眼光来进行管理。

第二，用市场的观点进行管理。明确与经济发展趋势相适应的社会需求及潜在需求情况，这是市场观点的根本所在。明确社会对组织所提供的服务或产品的需求情况，对组织活动是至关重要的。

第三，用变革的观点进行管理。社会环境是经常变化的，组织的变革也是必然要发生的，这是由客观事物的发展规律所决定的。随着社会政治、经济、技术等因素的变化，相应地要求对各级管理人员和非管理人员进行调整，对组织的各种业务活动进行调整和修改，对组织的技术、设备进行改造或更新。

第四，用竞争的观点进行管理。为了提高组织的服务质量和产品质量，开展各组织间的竞争。通过竞争，可激发组织积极提高全体成员的文化和技术水平，改进组织中的各个薄弱环节，促进他们为社会、为顾客提供最优的服务和产品。

第五，用服务的观点进行管理。组织的最终目标是最大限度地满足人们在物质文明和精神文明两个方面的需要，组织必须以满足服务对象的需要为出发点，尽可能地使顾客感到方便和满意。

第六，用专业化和多样化的观点进行管理。组织活动的多样化和专业化的统一，对于较大的组织来说具有不可忽视的意义。多样化是指在一个大组织中它的业务活动内容必须多样化，而专业化是指在一个大组织中的某个部门，其业务活动内容必须专业化。多样化可以使企业提供的产品和服务能够满足社会上各种各样的需求，而专业化可以保证其质量的稳定性。

第七，用素质的观点进行管理。素质是指人们具有的知识和能力的总和。在现代管理中人的素质是非常重要的。一切事情都是人来做的，人的素质的高低与组织发展有直接关系。

第八，用开发的观点进行管理。开发的观点既包括重视各种新成果的研究、开发各种新资源、扩大新领域、运用新方法，也包括对管理人才的开发。

第九，用经营的观点进行管理。利用各种先进的科学技术和方法进行科学的经营，不断提高经营效益。

第十，用风险的观点进行管理。在科学的基础上，要敢于冒风险，大胆地承担组织的各项新任务，完成新目标。组织活动毕竟是针对未来的，而未来是不确定的，管理人员在进行管理时必然要冒风险，不敢冒风险的管理人员是搞不好管理的；但是，这必须是在经过科学分析的条件下，经过审慎地权衡组织内外各种利弊后去冒风险，而不是投机式地冒风险。

管理人员在该冒风险时不冒风险，或不该冒风险时去冒风险，都会给组织带来不可估量的损失。

四、现代管理理论对我们的启示

现代管理理论对我们有以下几个方面的启示。

第一，现代管理理论告诉我们，人的需要和动机是复杂的，每个人都是怀着不同需要加入组织的，不同的人对管理方式的要求也是不同的。这就要求管理者一方面要尽可能地了解每个人的需要，力争满足人的需要；另一方面还要注重企业文化建设，影响和铸造人的精神世界，把企业愿景同个人的梦想统一起来，从而形成合力，使个人和组织共同发展。

第二，要努力学会运用各种先进理念和技术方法提高管理水平。现代管理理论的思维方法告诉我们，面对复杂的管理问题，要综合运用先进的自然科学与社会科学方法，特别是要吸收系统与权变的观点，从管理态度、管理变革、管理信息等多方面入手，实现组织活动的一体化和管理最优化。

第三，想问题、做事情要把“效率”和“效果”统一起来。“效率”和“效果”是完全不同的。“效率”体现的是产出的速度，“效果”是对系统行为的整体评价。“效率”是关系效果的重要因素，通常是取得良好效果的过程和手段，效果才是我们最终想要的东西。因此，在运用各种管理方法和技术手段时，我们要对效果负责而不是单纯地考虑效率，尤其要注重对社会的贡献和绩效。

第四，积极吸收和运用现代管理理论开展行之有效的管理。现代管理理论思想丰富、亮点林立。其中，战略的观点、市场的观点、变革的观点、竞争的观点、服务的观点、素质的观点、经营的观点、风险的观点、开发的观点以及专业化和多样化有机统一的观点，对于我们今天的管理仍然具有现实意义。因此，我们要结合我国当前社会经济、科技、文化发展实际，用借鉴、改造和创新的观点面对现代管理理论，积极探索网络化、数字化、云计算、人工智能背景下的有效管理，为推动管理思想创新与发展做出贡献。

第十一章

现代管理理论的主要学派

Management

Thoughts：Development and Reference

前面我们研究了现代管理理论产生的背景、主要特征、主要内容及其对管理思想的发展。这一章集中揭示现代管理理论八个主要学派的管理思想。

一、管理过程学派

管理过程学派又称为管理职能学派，这个学派历史悠久并影响很大。一般认为，法约尔是管理过程学派的鼻祖。管理过程学派把管理看作一个过程，其研究对象就是管理的过程和职能。法约尔提出的管理的五种要素，就是管理的五种职能，这五种职能形成一个完整的管理过程。管理过程学派认为，管理是通过计划、组织、指挥和控制诸因素来协调有关资源以达到组织既定的目标。该学派的管理学家往往通过对管理职能和管理过程的分析来论述管理的理论和方法。

管理过程学派的基本研究方法分为两个方面。

一是研究如何划分管理职能。在管理学派的管理理论当中，不同管理学家划分管理职能的层次是不同的。例如，法约尔将管理职能划分为计划、组织、指挥、协调、控制五个层次；而孔茨将管理职能划分为计划、组织、人事、指挥和控制五个层次；戴维斯和厄威克将管理职能划分为计划、组织和控制三个层次；古利克将管理职能划分为计划、组织、指挥、协调、控制、人事和通信联系七个层次；布朗将管理职能划分为计划、组织、指挥、控制和调集资源五个层次；纽曼将管理职能划分为计划、组织、指挥、协调、控制和调集资源六个层次；特里将管理职能划分为计划、组织、控制和激励四个层次。

二是研究每项管理职能的具体内涵和要求。在丰富的管理实践中探寻管理的基本规律，从而进一步分析每一个层次的管理职能，并对每项职能提出一些基本问题。比如，每项职能的特点和目的是什么？每项职能的结构如何？每项职能有哪些组织要素？每项职能有哪些过程、技术和方法？它们各自的优缺点是什么？有效实施每项职能的障碍是什么？如何排除这些障碍？

管理过程学派的主要代表人物除法约尔之外，还有丘奇、穆尼、戴维斯、孔茨、纽曼、奥福德、布朗等人。管理过程学派坚持以下七个基本信条。

第一，管理是一个过程，可以通过分析管理人员的职能从理论上很好地对管理加以剖析和阐述。

第二，将管理人员的管理经验作为依据，可以总结出一些基本的管理原理。

第三，可以围绕这些基本管理原理开展有益的研究，以确定其实际效用，提高其在实践中的作用，增加其适用范围。

第四，这些基本管理原理只要没有被证明不正确或被修正，就可以为形成有用的管理理论提供若干要素。

第五，就像医学和工程学那样，管理是一种可以依靠原理的启发而加以改进的技能。

第六，在实际管理工作中，有时会违背某一管理原理而造成损失，但管理中的基本原理是可靠的。

第七，管理人员所处的环境和所受任务受文化、物理、生物等方面的影响，管理理论也从其他学科中汲取有关的知识。

管理过程学派对管理职能的划分和理解各有千秋。比如，丘奇认为，经营管理过程由五种职能组成：第一是设计（这是发起的），事先规定产品的形状、大小、特征和标准；第二是设备，它为生产提供物质条件；第三是控制，它规定各项任务并监督这些任务每日的完成情况；第四是比较，包括标准的确定、衡量、记录和比较；第五是作业，包括把材料改变成为符合设计的新的形式。

穆尼提出管理的三种职能：第一种是决定性职能，即决定做什么；第二种是应用性职能，即使事情做成；第三种是解释性职能，即解释执行过程中的差异和问题。

穆尼认为，管理中的协调是人们为追求共同目的而在一起的一致行动。为了实现协调须有一个基础，就是必须以某种形式集中权威。这种集中权威可能是专制的，也可能是民主的。组织的基础是利益或目标的共同性。协调也包括有权的当局给大多数人规定的纪律和当局者的自我纪律。

孔茨认为，管理是通过别人使事情做成的各项职能。他将管理职能划分为计划、组织、人事、指挥和控制五项。

计划职能是五项管理职能中最基本的职能，它涉及的问题是如何在未来的各种行为过程中做出抉择，其他的四种管理职能都必须反映计划职能的要求。计划的种类很多，主要有目的和任务、目标、策略、政策、程序、规划和预算。

组织职能就是设计和维持一种职务结构，以便人们能为实现组织目标而有效地工作。组织工作要遵循 15 条原则，即目标一致原则、效率原则、管理制度原则、分级原则、授权原则、职责绝对原则、权力和责任对等原则、统一指挥原则、职权管理层次原则、分工原则、职能明确原则、检查部门和业务部门分设原则、平衡原则、灵活原则、便于领导原则。

人事职能包括选择、雇用、考评、储备、培养和其他一些有关职工的工作。

指挥职能就是引导下级人员有效地领悟和出色地实现企业的既定目标，因此要理解指挥的性质，首先要考察企业的目标和人的性质。

控制职能就是按照计划的标准衡量计划完成的情况，并纠正计划执行中的偏差，以保证计划目标的实现。

二、社会系统学派

社会系统学派的主要代表人物是美国管理学家切斯特·巴纳德。巴纳德一生著作很多，其中最有代表性的是1938年出版的《经理人员的职能》，他在该书中详细地论述了自己的组织理论。他认为，人与人的相互关系就是一个社会系统，它是一种合作关系，是人的相互关系的协作体系，并且是社会大系统中的一部分，受到社会环境各个方面因素的影响。

巴纳德认为，经理人员的作用就是要围绕物质的（材料与机器）、生物的（作为一个呼吸空气和需要空间的抽象存在的人）和社会的（群体的相互作用、态度和信息）因素去适应总的合作系统。

巴纳德认为，正式组织的协作系统，不论其规模大小或级别高低都包含了三个基本要素。

第一是协作的意愿。协作意愿是指组织成员对组织目标做出贡献的意愿。个人协作意愿强度的高低，取决于自己提供协作而导致的“牺牲”与组织因为自己的协作而提供的“诱因”这两者之间的比较。“诱因”与“牺牲”的尺度通常是由个人主观所决定的，所以组织为了获得和提高成员的协作意愿，一方面要提供必要的金钱、威望、权利等各种客观的刺激，另一方面要运用说服力来影响成员的主观态度，培养他们的协作精神，号召他们忠于组织、相信组织目标等。

第二是共同的目标。个人之所以愿意为实现组织的共同目标而努力工作，是因为他期望在实现组织共同目标的过程中能够实现个人目标。组织成员对共同目标的理解可分为两种：一是协作性理解，即站在组织整体立场上理解共同目标；二是个人性理解，即站在个人立场上理解共同目标。当这两种不同的理解发生矛盾时，管理者就要协调个人目标与组织共同目标之间的矛盾，帮助组织成员加深对组织共同目标的认识。

第三是信息的沟通。组织的存在及其活动是以信息沟通为条件的。只有通过信息沟通才能将个人协作意愿和组织共同目标两者联系和统一起来，形成动态的过程。巴纳德提出应该遵守的七项原则：一是信息的沟通渠道要被组织成员所了解；二是每个组织成员要有一条正式的信息沟通线路；三是必须依照正式的路线沟通信息，不要在沟通过程中跳过某些层次，以免产生矛盾和误解；四是信息沟通的路线必须尽可能地直接而便捷；五是作为信息沟通中心的各级管理人员必须称职；六是信息沟通的路线不能中断；七是信息沟通应该具有权威性。

巴纳德认为，经理人员的职能主要有三项：一是努力建立和维持一个信息沟通系统。要建立一个经理人员的正式信息沟通系统。二是从组织成员那里获得必要的服务。三是规定并解释组织的共同目标，并努力协调组织成员的个人目标与组织共同目标，使之相统一。

管理者怎样树立权威呢？巴纳德认为应注意以下四个方面：一是管理者个人能够明确理解所传达的命令，二是使接受者认为命令同他们所了解或期望的组织目标是一致的，三是命令能体现组织成员的个人利益，四是接受者无论是在精神上还是在体力上都能遵守这个命令。巴纳德认为，命令被接受的原因有两种，一是因为命令者具有一定的级别和地位，二是因为下级对命令者个人能力的尊重和信任。

三、决策理论学派

决策理论学派是在社会系统学派的基础上发展起来的，主要代表人物是美国的赫伯特·西蒙和詹姆斯·马奇。西蒙有一句名言："管理就是决策。"

西蒙将社会系统理论同心理学、行为科学、系统理论、计算机技术、运筹学结合起来考察人们在决策中的思维过程，提出了目标—手段分析法，并为人工智能等问题的深入研究奠定了基础，因而被授予 1978 年度的诺贝尔经济学奖。西蒙的著作很多，主要有 1945 年发表的《管理行为》、1960 年发表的《管理决策的新科学》等。决策理论学派的管理思想主要体现在以下五个方面。

第一，关于组织的理论。决策贯穿于整个管理过程，组织内各级管理人员都是决策者。组织是个人所组成的系统，个人的第一个决策就是参不参加这个组织。在这个决策过程中，个人就要对他为组织所做的贡献和从组织得到的诱因进行比较。如果诱因大于贡献，他就做出参加组织的决定。一旦参加组织，虽然他的个人目标仍然存在，却退居从属的地位。个人同组织一体化，是指个人在决策时采用组织的价值标准。因此，要重视权威对个人的影响，他认为管理人员应该有效地利用各种影响力来塑造职工的性格。

第二，关于决策过程中的信息问题。在决策过程中，西蒙等人特别强调信息联系的作用。信息联系是一种双向过程，它既包括从组织的各个部分向决策中心的传递，也包括从决策中心向各个部分的传递。信息传递途径又可分为正式渠道和非正式渠道两种。在组织中成立"信息联系服务中心"，以收集、传递和贮存各种情报。会议是信息联系的手段。信息系统应该包括一个筛选系统，以保证提供与决策有关的有用信息。

第三，关于决策的准则和标准。决策者应具备以下三个条件：一是决策者对可供选择的方案及其未来的后果要完全清楚，二是决策者要具有无限的估量能力，三是决策者的脑中对各种可能的后果有一个完全而一贯的优先顺序。“最好是‘好’的敌人”。企图找那个“最好的”，不但“最好的”找不到，也许连“好的”也找不到，所以决策时要用“令人满意的准则”代替“最优化”准则。西蒙用“管理人”来代替最优准则的“经济人”。这种“管理人”在决策中有两个要求：一是用满意的准则代替最优化准则；二是不考虑一切可能的复杂情况，只考虑与问题有关的特定情况。

第四，关于程序化决策和非程序化决策。西蒙认为，决策有程序化决策和非程序化决策。程序化决策是一种反复出现的或是一种例行的决策，通过收集情报、拟订计划、选定计划、评价计划四个阶段来进行；非程序化决策是那种从未出现过的或问题的确切性质和结构还不很清楚的非常复杂的决策，也可能是对一些突发事件要马上进行的决策。西蒙提出决策者必须具备的品质和条件：一是靠以身作则来树立权威；二是树立全局观念；三是依赖和培养下级；四是主动承担责任，敢于担当风险；五是有广博的知识和丰富的经验；六是有敏锐的预测能力和机智的判断力。

第五，关于决策方法。决策理论学派认为解决问题的步骤是：一要明确问题是什么，二要提供备选方案，三要研判哪一个备选方案最佳。决策理论学派将决策划分为以下四个阶段：一是收集情报阶段，二是拟订计划阶段，三是选定计划阶段，四是评价计划阶段。在实际决策时，这四个阶段可能会交错、反复。

四、系统管理学派

系统管理学派盛行于20世纪60年代前后。由于当时系统科学、系统理论、系统工程、系统分析、系统方法等理论盛行，倡导系统管理的人士众多，因此对管理思想的发展影响很大。系统管理学派的代表人物有一般系统论的创始人贝塔朗菲、控制论的创始人维纳、信息论的创始人申农、耗散结构的建立者普里戈金、协同论的创始人哈肯、突变论的创始人托姆等。

系统管理学派的管理思想基础是一般系统理论。他们把一般系统理论应用于工商企业管理，系统地阐述了系统观点、系统分析、系统管理三者的关系，侧重以系统概念分析和考察企业的组织结构模式以及各项管理职能。

系统管理学派认为，管理就是用系统论的观点对组织或企业进行系统分析、系统管理的过程。系统管理学派还认为，任何组织都是一个开放的系统，它与外界环境在不断地相互作用。它不断地接收外部输入信息，这些输入信息又依次被转化为输出信息，足够的输出信息被反馈回系统，以便进行调节和更正。因此，一般系统论是系统管理学派的理论基础。

系统管理学派的理论基础是系统科学，而系统科学在进入20世纪90年代后有长足发展，尤其是在“老三论”的基础上发展起来的“新三论”，即耗散结构理论、协同论和突变论，以及超循环理论和混沌理论，这些系统理论的新进展对系统管理理论的发展有新的促进作用。

系统管理学派将系统论的方法运用于管理中，使管理思想有了巨大的发展，系统思想成为管理思想的一大支柱，从根本上改变了管理科学的性质，也改变了管理学研究的面貌。

系统管理学派将企业分为五个子系统。

一是目标和价值子系统。它包括遵照社会的要求和准则，确定战略目标，以便企业履行某些社会大系统所确定的目标和职能。

二是技术子系统。它是企业按照任务要求由技术要素构成的，包括完成任务必需的机器、工具、程序、方法和专业知识。

三是社会心理子系统。包括个人行为和动机、地位和作用关系、组织成员的智力开发、领导方式，以及正式组织系统与非正式组织系统等。

四是组织结构子系统。包括对组织及其任务进行合理划分和分配、协调它们的活动，并由组织图表、工作流程设计、职位和职责规定、章程与案例来说明，还涉及权力类型、信息沟通方式等问题。

五是外界因素子系统。包括各种市场信息、人力与物力资源的获得，以及外界环境的反应与影响等。

系统分析的准则主要表现为以下几个方面：第一，在对各种选择方案进行分析和选择时，应紧密围绕建立系统的目的。第二，要从系统的整体利益出发，使局部利益服从整体利益。第三，在进行系统分析时，既要考虑到当前利益又要考虑到长远利益。第四，定量分析和定性分析相结合；第五，抓关键，不要陷入细枝末节中。

系统管理的特点主要有以下几个：第一，以目标为中心。第二，以整个系统为中心。第三，以责任为中心。第四，以人为中心。

五、数量管理学派

数量管理学派又称管理科学学派，是泰勒科学管理理论的继续和发展，该理论的正式形成是在第二次世界大战以后，与行为科学平行发展起来的。英国曼彻斯特大学教授布莱克特是数量管理学派的主要代表人物。他是一位物理学教授，也是一位诺贝尔奖获得者。1939年，布莱克特领导的小组，为了战争的需要，建立运筹学，并将运筹学广泛运用于城市防卫、雷达网络优化配置、轰炸敌方潜艇、飞机有效高度及配合等军事问题的研究。“二战”后，运筹学转为民用，在企业管理方面就产生了数量管理理论。

数量管理学派认为，管理就是运用数学模型、数学符号和公式来表示计划、组织、控制、决策等合乎逻辑的程序，求出最优的解答，以达到组织的目标。

数量管理学派使管理工作的科学性达到了新的高度，将先进的数学方法和计算机技术引入管理中，注重量化研究，使生产力得到最为合理的组织。该学派较少考虑人的行为因素，因而在实际应用中受到一定影响。

数量管理学派的主要观点如下。

第一，以经济效果作为评价标准。如总收入、投资利润率等，力求以最少的消耗获得最大的经济效益。

第二，采用量化方法进行决策。决策的过程就是建立和运用数学模型的过程。这种做法的目的是力求减少决策的个人艺术成分，增加决策的科学性。

第三，依靠电子计算机进行各项管理。目前，在管理中应用比较广泛的数学模型有决策理论模型、盈亏平衡模型、库存模型、资源配置（线性规划）模型、网络模型、排队论、投入产出模型等。

数量管理学派解决管理问题的程序如下。

第一，观察和分析。观察是用来识别问题的。分析是加深对问题的理解，也就是要提出“为什么”的问题。只有将知识（事实）和理解（在事实背后的道理）交叉综合起来，才能确定问题。

第二，确定问题的内容，即影响问题的各种因素，特别是组织的目标、约束条件、组织中各部门的关系、可能取代的其他途径、上级领导的要求等。

第三，建立一个研究系统的模型。模型分为实物模型、用二维平面或三维空间内一定长度的线段来代表各种变数的图像模型、用图画来表示各种相互关系的图画模型、用图解形式表示信息流等相互关系的图解模型、用各种数学符号来描述现实世界各种因素及其相互关系的数学模型或是仿真模型。以模型来表示对象系统中的物流、信息流以及系统状态的变化规律和因果关系，并通过一定的仿真技术进行仿真实验。

第四，从模型中得出解决管理问题的方案。

第五，对模型所得出的解决方案进行验证。

第六，建立解决方案的控制系统。建立一个信息反馈系统，以便及时了解情况，并在必要时做出反应，做到有效控制。

第七，把解决方案付诸实施，将解决方案转化为可行的作业程序。

总之，数量管理学派重点研究操作方法中的管理问题，以及计划、控制职能中的现代化方法。

六、权变理论学派

权变管理理论的主要含义是权宜应变。它是 20 世纪 70 年代在美国形成的一种管理理论，强调在管理中要根据组织所处的内外条件随机应变，寻求最适合的管理模式、方案或方法。主要代表人物是美国的保罗 · 劳伦斯、杰伊 · 洛希和亨利 · 明茨伯格和英国的汤姆 · 伯恩斯。其中，劳伦斯和洛希被人们称为权变管理理论的创始人。

权变管理理论认为，以往的管理理论存在两个方面的不足：一是主要研究企业内部的组织管理，而忽视了外部环境的影响；二是大都追求理论的普遍适用性和最合理的原则、最优化的模式，无法真正解决企业的实际问题。

权变管理理论的出现意味着管理理论向实用主义方向的发展迈出了

一大步，提供了一种不确定情况下进行管理的好方法，因此受到管理学者的高度评价。

权变管理理论分析了企业外部环境和组织结构之间的关系，提出组织结构的主要特点是分散化和整体化。分散化是指把组织系统划分为各种分系统，整体化是指各个部分在完成组织任务时达到统一的过程。

美国的弗雷德·卢桑斯是权变理论学派的主要代表人物之一。管理学界一般认为，卢桑斯的“如果—就要”关系理论是权变管理理论的思想基础。卢桑斯将现存的管理理论划分为四种学派，即过程学派、计量学派（或称管理科学学派）、行为学派和系统学派。他将自己的理论视为对上述理论的发展，他的管理理论重点突出了将管理与环境妥善结合起来，并使管理理论更贴近管理实践。

权变理论学派的思想核心是，在现实中不存在一成不变、普遍适用的理想化的管理理论和方法，管理应随机应变，即采用什么样的管理理论、方法及技术应取决于组织的环境。权变管理理论认为，组织和组织成员的行为是复杂的，加上环境的复杂性以及不断地变化，普遍适用的有效管理方法实质上是不可能存在的。因此，应该根据具体情况来选用合适的管理方法。这就需要进行大量的调查研究，将组织的情况进行分类，建立不同的模式，根据不同的模式选用适宜的管理方式。

权变理论学派是以超 Y 理论为理论基础的。美国管理学者麦格雷戈于 1957 年提出 X 理论和 Y 理论管理理论，权变理论学派认为并不是在所有的情况下 Y 理论都比 X 理论效率高，管理思想和管理方式应该依据成员的素质、工作的特点和环境情况而定，不能一概而论。由此，他们提出了超 Y 理论。

权变管理理论认为，环境变量与管理变量之间的函数关系就是权变关系。环境可分为外部环境和内部环境。外部环境又可以分为两种：一种是由社会、技术、经济、政治、法律等所组成的一般外部环境，这些因素通常不会直接影响企业的正式组织系统，但会间接地产生影响，而且这些一般外部环境因素相互之间也会产生影响；另一种是由供应者、顾客、竞争者、雇员、股东等组成的特定外部环境，这些因素会直接地对企业产生影响。内部环境包括组织结构、决策程序、联系与控制、科学技术状态等因素，它的各个变量与外部环境各变量之间是相互关联的。管理者必须根据内外环境的变化不断地改变企业的管理策略和方式。

七、经验主义学派

经验主义学派的核心思想是从企业管理的实际出发，研究企业的成功经验和失败教训，加以总结归纳，找出有共性的东西并上升到理性认识。在经验主义学派的代表人物中，最有影响力的是美国的彼得·德鲁克（Peter F Drucker，1909—2005），他被公认为国际著名的管理大师。

经验主义学派认为，管理是努力把一个人群或团体朝着某个共同目标引导、领导和控制。管理同具体企业有关，管理学则是管理企业的理论和实际的原理、原则的集合。

管理的特殊技能主要包括以下几项：做出有效的决策，进行信息联系，正确运用控制与衡量，正确运用分析工具。管理的任务主要有三项：一是获得经济成果，二是使企业具有生产性，三是妥善处理企业对社会的影响以及承担企业对社会的责任的问题。企业的上述三项任务是在同一时间、同一管理行动中执行的，不能说其中哪一项任务是最重要的。任何管理者的管理职责都是六项：第一，树立目标并确定达到目标的手段；第二，为实现目标进行组织工作；第三，建立适宜的奖酬制度；第四，加强组织内的信息沟通和联系；第五，分析工作成果，并确定考核和评价工作的标准；第六，为职工创造成长和发展的机会。

经验主义学派认为，经理的工作就是激励、指挥和组织员工去完成他们的工作；经理的工作效果取决于他的听和读的能力，取决于他的说和写的能力；经理需要把自己的思想传达给别人，并具有能够看出别人在想什么的技巧。

德鲁克最早提出目标管理的思路，经后人的补充和发展形成了至今仍被管理界所重视和使用的目标管理模式。德鲁克指出，目标管理就是一个组织中的上级和下级管理人员共同制定一个目标，该目标应同每个人的工作成果相联系，通过确立目标，规定他的主要职责范围，并用这些目标作为经营一个单位和评价每一位成员贡献的标准。目标管理是使管理人员和广大职工在工作中实行自我控制并达到工作目的的一种管理技能和管理制度。德鲁克目标管理思想主要有三个方面的内容。

第一，明确目标的性质。德鲁克将企业的目标分为战略性的目标、策略性的目标以及方案和任务。一般来说，战略性目标和高级策略目标关系到企业的成败，它由最高管理部门制定；中级策略目标由中层管理部门制定；初级策略目标由基层管理人员制定；方案和任务由一般职工制定。可见，组织目标的确定既有管理人员的参与，也有一般职工的参与，这一点体现了目标管理的中心思想，即将组织目标分解到每个人。

第二，指出了目标管理成功的先决条件。德鲁克提出以下几个条件：一是高层管理部门要参加高级策略目标的制定；二是下级也应参加目标的制定并为其实现担负一定的责任；三是要有充分的情报资料；四是各级管理人员对实现目标的手段都应有一定程度的控制权；五是对由于实行目标管理而带来的风险予以激励；六是对职工要有充分的信心。

第三，划分了目标管理的三个阶段。德鲁克认为，实施目标管理的整个过程是由三个阶段组成的。第一个阶段是确定目标阶段，在这一阶段需要确定组织整体目标、各级管理部门的目标以及组织成员的个人目标。确定目标的过程又包括具体的五个步骤：一是准备工作；二是由组织最高管理层确定组织的整体目标；三是确定各级管理层的目标；四是各级管理人员提出各种建议，相互讨论并修改；五是对各项目标和评价标准达成协议。第二个阶段是目标管理的具体实施阶段，在这一阶段组织目标体系的实现主要依赖组织成员的自我控制和自我管理。第三个阶段是检查和评价工作绩效阶段，主要是通过把实际工作成果同原来确定的目标相比较，找出差异，分析形成差异的原因，并将分析的结果应用于下一个时期的目标管理。

八、企业文化学派

企业文化学派兴起于对日本经济腾飞的研究。20 世纪 60 年代日本实现了经济起飞。面对日本经济的挑战，美国学者开始研究日本经济腾飞的奥秘，发现两国企业的最大差异是日本企业员工对企业的态度。因此，美国学者开始研究两国传统文化和企业文化的差异，自此形成了企业文化研究的热潮。

1970 年，美国波士顿大学的组织行为学教授戴维斯提出“企业文化”的概念。

1981 年，美国加利福尼亚大学教授美籍日本人威廉·大内推出了“Z 型组织”的理论模式。他认为企业文化是决定企业成败的关键，长期的雇佣、信任和亲密的人际关系、人性化的工作条件能够满足员工切身利益的需要，是美国未来企业发展的模式。

1982 年美国的企业管理专家托马斯·彼得斯和罗伯特·沃特曼归纳出成功企业的八大要素：一是行动至上；二是接近顾客；三是鼓励革新；四是以人为本；五是领导人以言教和身教来坚定原则；六是做自己内行的事，扬长避短；七是组织简单，人员精简；八是宽严并济，张弛有节。

1984年，美国著名的管理顾问劳伦斯·米勒推出塑造企业精神的八项原则，即目标原则、共识原则、卓越原则、一体原则、绩效原则、实证原则、亲密原则和正直原则。

此后，美国管理学界开始深入地探讨企业文化理论。美国的《管理研究》《管理科学》等杂志陆续刊出有关企业文化的专辑，使企业文化研究进一步系统化和规范化，并取得了一系列成果。

（一）企业文化的特征

1. 企业文化的一般特征

企业文化理论具有文化学和管理学的一般特征，主要表现在以下几个方面。

（1）社会性。企业文化是社会文化在企业中的特殊形态，不同的企业文化对应着不同的社会文化，企业文化也会随着社会的发展和变革而不断地演变。

（2）民族性。企业文化是民族文化的微观的表现形式，它体现了民族文化的特色。一个民族的民族心理、风俗习惯、宗教信仰、道德风尚、伦理意识、价值观念、行为方式、生活准则等，是企业文化发展的基础。

（3）稳定性。企业文化中属于历史的、流传至今并仍在起作用的文化要素，是在历史过程中形成的，具有异常的稳定性与顽强的延续力，对企业的经营方式和管理行为起着维系与巩固的作用。

（4）渗透性。不同国家的企业在精神、物质和文化上的差异，导致各国的差异性的企业文化，而企业文化的发展过程是各国企业文化特殊性进行相互渗透的过程，并逐渐形成一个世界性的企业文化格局。

（5）地域性。企业文化因地理因素的不同而表现出极大的差异。

（6）变革性。企业内在发展的要求和外部的竞争压力以及社会经济环境的变革，促使企业文化不断地革新。企业文化在不断的选择、进化和变革中创造出新的内容。

2. 企业文化的实践特征

企业的不同成长经历、不同环境背景，导致企业在塑造企业文化时表现出自己独特的个性实践特征。概括地说，企业文化的实践特征表现在以下十个方面。

（1）成员的同一性。它是指员工与作为一个整体的组织保持一致的程度，不只是体现在员工的工作类型或专业领域方面，更主要的是体现在价值观的统一性上。

（2）团体的重要性。它是指工作活动围绕团队组织而不是围绕个人组织的程度。

（3）对人的关注。它是指管理决策要考虑结果对组织中的人的影响程度。

（4）单位的一体化。它是指管理组织中各单位以协作或相互依存的方式运作的程度。

（5）控制。它是指企业用于监督和控制员工行为的规章、制度及直接监督的程度。

（6）风险承受度。它是指企业鼓励员工进取、革新及冒风险的程度。

（7）报酬标准。它是指企业依照员工绩效来决定工资的增长和职务的晋升的程度。也就是说，企业在制定报酬标准时，不应过多地注重员工的资历或其他非绩效因素。

（8）冲突的宽容度。它是指鼓励员工自由争辩及公开批评的程度。

（9）手段—结果倾向性。它是指管理者应更注意结果或成果，而不是取得这些成果的技术和过程的程度。

（10）系统的开放性。它是指组织掌握外界环境变化并及时对这些变化做出反应的程度。

（二）企业文化的内容和结构

企业文化的构成形式分为三个层次，是由物质层、制度层和精神层构成的同心圆。其中，精神层是企业文化的核心和灵魂，它是指企业的领导和员工共同信守的基本信念、价值观和行为规范，是形成物质层和制度层的基础和原因。企业文化精神层包括企业最高目标、企业哲学、企业精神、企业风气、企业道德和企业宗旨等方面。

物质层是企业创造的物质文化，是形成企业文化制度层和精神层的条件，它主要包括企业名称、标志、标准字、标准色，企业外貌，产品的特色、式样、外观和包装，技术工艺设备特性，厂徽、厂旗、厂歌、厂服、厂花，企业的文化体育生活设施、企业造型和纪念性建筑、企业纪念品、企业的文化传播网络等。

制度层是企业文化的中间层次，是指对企业组织和企业员工的行为产生规范性、约束性影响的部分，它集中体现了企业文化的物质层和精神层对员工和企业组织行为的要求。制度层主要包括三个方面：一是企业中存在的工作制度、管理制度以及各种责任制度，如生产管理制度、服务管理制度等；二是企业的非程序化的特殊制度，如员工评议干部制度、总结表彰会制度等；三是企业的典礼仪式、行为习惯、节日活动等风俗，如歌咏比赛、体育比赛等。

企业文化的物质层、制度层和精神层的基本内涵和建构特点，如表11-1所示。

表 11-1　企业文化的物质层、制度层和精神层的基本内涵和建构特点

序号	层次	基本内涵	建构特点
A	物质层	生产资料、产品、科学试验资料、厂区环境、厂房、运输工具、俱乐部、文化宫、体育场、企业园林、各种活动小组、文体队、企业小学、企业技校、企业职工大学、广播站、闭路电视、卫生院（所）等	(1) 载体的纯物质性 (2)“文化质点”技术、工艺等在物质形式被改造的同时被物化到物质载体上 (3) 更高深层次的企业精神等“文化质点”以技术文化质点和物质二者为载体
B	制度层	各种企业制度、规范、行为准则，厂法、厂规、厂歌、厂服，企业交往方式、生产方式，时尚、习惯、消费和娱乐方式等	(1) 载体为制度、关系 (2) 技术、精神两类“文化质点”同时（结合着）被物化到制度中 (3) 技术、精神有时还分别（各自单独）被物化到制度、规定、规范中：前者表现为技术方面的操作规程等，后者表现为人际关系方面的制度、准则等
C	精神层	企业精神、经营管理思想、职业道德、民主意识、企业目标、时间观念、效益观念、思维方式、价值准则等	(1) 载体的功能性，大脑、书刊等都是专事承载功能的东西 (2)“文化质点”只与人本身是内在统一的，如果它表现在产品上，那只能通过人而起作用 (3) 双载体之间的转化性

企业文化的物质层是企业文化的外在表现和载体，是制度层和精神

层的物质基础；制度层则约束和规范着物质层及精神层的建设；精神层是形成物质层和制度层的思想基础。企业文化的这三个层次是相互联系、相互渗透、相互融合的。

（三）企业文化的功能

企业文化的功能就是企业文化的性能与作用，也就是企业文化发生作用的能力，即企业这一系统在企业文化导向下进行生产、经营、管理的作用。企业文化主要有以下几种功能。

（1）企业文化的导向功能。企业提倡什么，崇尚什么，员工就追求什么。一种强势文化可以长期引导员工为实现企业目标而自觉地努力。企业文化的导向功能是指通过企业文化建设，把企业及企业成员的思想和行为引导到企业所确定的目标上来，使企业员工同心协力，自觉地为实现企业的共同目标而团结奋斗。

（2）企业文化的凝聚功能。文化具有很强的凝聚力。企业的凝聚力指的是企业和员工的相互吸引力，具体说是指企业对员工的吸引力以及员工对企业的向心力。凝聚力可以把各个方面、各个层次的人团结在本企业的周围。企业文化具有同化作用、规范作用和融合作用，这三种作用的综合效果就是企业文化的凝聚功能。

（3）企业文化的协调功能。企业文化能够协调企业和社会的关系，使企业与社会和谐统一。企业的发展要靠两种纽带：一是物质利益，即产权的纽带；二是文化精神与道德的纽带。企业的发展光靠产权、股票、股权这些物质利益是不够的，还需要一种精神纽带和道德纽带，这正是企业文化建设的功能所在。这种纽带能够把不同经历、不同年龄、不同知识层以及具有不同利害关系的人组合在一起，为共同的目标努力工作，这种作用绝不是仅仅依靠金钱和物质利益能够实现的。

（4）企业文化的激励功能。激励是指通过外部刺激，使个体产生一种情绪高昂、奋发进取的力量。企业文化的激励功能就是企业文化对文化行为主体能够产生激发、动员、鼓励和推动作用。这种文化功能作用的结果往往起着某种放大（或缩小）的作用，使行为产生剧烈、明显的效果。

（5）企业文化的约束功能。企业的约束有两种：一种是硬约束，如企业的规章制度、企业责任制度等；另一种是软约束，即企业文化的无形约束，如通过情感、道德观念、价值取向等意识形态在企业和员工中产生一种自我约束。企业文化的这种约束功能，就是通过企业精神、职业道德等方面的文化建设，逐步形成无形的、非正式的和非强制性的行为准则，使员工自觉规范自己的言行，进而规范企业行为。

（6）企业文化的辐射功能。企业文化的辐射功能是指企业文化的作用可以向外辐射，对企业周围的社区乃至整个社会产生积极的影响。企业文化不仅在企业内部员工之间发挥辐射作用，而且还会通过企业文化形象对企业外部以及社会发挥辐射作用。这主要是由于企业通过公共关系与外界公众进行双向的交流、企业人员与外界的交往以及企业通过销售产品和服务把企业的价值体系推广到外界去。

第十二章

当代管理思想的主要代表

Management

Thoughts: Development and Reference

20世纪80年代以后，世界政治和经济环境发生了重大变化。其主要特征为：国际政治动荡起伏，世界经济变幻莫测，科技发展日新月异，各种思想文化相互交融渗透，全球经济趋于一体化，市场竞争日趋激烈。为了企业更好地生存与发展，许多管理学者进行了深入思考和探索，给管理思想带来了重大转变。主要表现为从过程管理向战略管理转变，从国内市场向国际市场转变，从内向管理向外向管理转变，从产品的市场管理向价值管理转变，从行为管理向文化管理转变，出现了一系列新的管理思想和管理理论，美国的托马斯·彼得斯、迈克尔·波特等六位管理学家的管理思想就是其中的主要代表。

一、托马斯·彼得斯的管理思想

托马斯·彼得斯（Thomas J Peters）是美国著名的管理学大师，原来学习土木工程，后来在斯坦福管理学院深造，多年任职于著名企业咨询组织——麦肯锡公司，他对美国经济情况的熟悉和对企业了解的程度令人赞叹，无论是对巨型公司还是小型企业，无论是在制造业还是服务业方面的管理都有很高的造诣。他和小罗伯特·沃特曼合著的《追求卓越》，以及后来和南希·奥斯汀合著的《志在成功》两本书在20世纪80年代的美国影响很大，一度成为畅销书，并且在世界管理学界产生了巨大的影响。到了20世纪80年代后期，他的《振兴于混乱之上——管理革命的手册》一书同样引起了巨大的轰动。彼得斯的思想反映了20世纪80

年代管理思想的一个重要的方面。

第二次世界大战以后到 20 世纪 70 年代末，管理思想对企业发展的影响可以说是结构紧跟战略，即只要制订了战略计划，随之就将产生相应的组织结构，剩下来的就是调动人的积极性来进行组织实施，从而实现战略目标。然而，进入 20 世纪 80 年代以后，整个世界的形势发生了巨大的变化，彼得斯的管理思想正是在这样的背景下产生的。

彼得斯有两个重要的管理思想：一是强调人受到“两重性”的驱动，人既要作为集体的一员又要突出自己，既要成为一个获胜队伍中的可靠成员，又要通过不平凡的努力而成为队伍中的明星；二是只要他认为某项事业是伟大的，他就会为了这个事业情愿吃苦耐劳。

为此，彼得斯提出管理的八条原则和调动人的潜力的五条途径。八条管理原则是：第一，看准就干，行动果断，以求发展。第二，接近顾客。第三，自主创业。第四，以人促产。第五，深入基层。第六，专心搞本行。第七，精兵简政。第八，张弛互济。

彼得斯的管理的八条原则对管理思想的改变具有深刻的意义。首先是用什么思想来进行管理，这是整个问题的前提。科学管理思想无疑是一种纯理性的管理模式，也就是用一种严密的理性的逻辑推理来分析和管理企业。然而，在管理界到处是非理性的感情用事的人，或者说他们是通过直觉进行管理和决策的，用直觉进行思维，用简单的决策规则进行思维。彼得斯说：“只有直觉的飞跃才能解决这个复杂世界所面临的问题。”其次是管理什么。这里最直接的回答是：管理人。那么人是怎样的？人性是一个矛盾的综合体。

彼得斯的管理思想应用了大量的心理学研究成果，他认为，调动人的最大潜力有五条途径：第一，所有的人都是以自我为中心的，对来自他人的赞扬感到愉快，普遍有一种认为自己是优胜者的趋势。第二，人是环境的奴隶。第三，人迫切需要活得有意义，对于这种意义的实现愿意付出极大的牺牲。第四，人们通常将成功看成由自身因素决定的，而把失败归因于体制，以便将自己从中开脱出来。第五，大多数人在寻求安全感时，好像特别乐于服从权威，而另一些人又特别乐于行使权力。

彼得斯有自己的管理哲学。他认为，成绩优秀的公司既为人们提供了出人头地的机会，又将这一机会同一种具有超越意义的哲学和信念体系结合起来。这说明，所谓的管理新思想把我们引入一个模糊不清的、自相矛盾的世界。最后，彼得斯把对人性的认识归纳为四条：第一，人们需要有意义的生活。第二，人们需要受一定的控制。第三，人们需要受到鼓励和表扬。第四，人们的行动和行为在一定程度上形成态度和信念，而不是态度和信念形成行动和行为。

由此，我们不难看出彼得斯的管理的八条原则和调动人的潜力的五条途径确实体现了一种全新的管理思想。

二、迈克尔·波特的竞争战略思想

迈克尔 · 波特（Michael E Porter）是著名经济学家。1947 年出生在美国密歇根州，毕业于普林斯顿大学并获得航天和机械工程学位。他曾是公立高中的橄榄球队和棒球队队员。在普林斯顿大学期间，参加了校际高尔夫球队，这支队于 1968 年被命名为“NCAA 高尔夫全美队”。与追求成为一名职业高尔夫球手相反，1971 年波特拿到了哈佛大学的 MBA 学位，之后在 1973 年又拿到了商业经济的博士学位。在完成他的博士学业期间，波特受到后来成为他的良师的经济学家理查德 · 凯夫斯（Richard Caves）的影响。波特在 26 岁时成为哈佛大学历史上最年轻的、享有终身职位的教授之一。波特是许多一流美国企业和跨国公司的竞争战略顾问，而且在美国国会和商业组织制定经济政策中发挥了重要作用，同时为一些外国政府担任顾问，波特曾运用他在本地巨大的影响力为马萨诸塞州政府服务。他著有《马萨诸塞州的竞争优势》（1991 年）一书，并曾任马萨诸塞州经济增长和技术理事会主席。其主要著作有《竞争优势》《竞争战略》《国家的竞争优势》。

（一）五种竞争力量

波特认为，任何行业都有五种竞争力量。竞争规律体现在五种竞争力的作用上，它们决定了行业结构，也决定了企业投资、成本和盈利能力，如图 12–1 所示。

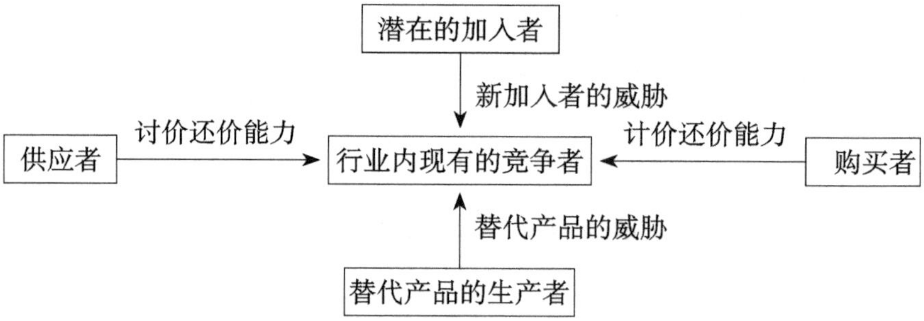

图 12–1　波特的行业竞争力量示意图

五种竞争力量分别如下。

第一，潜在竞争者的进入力量。每个行业随时都有新的竞争者加入。潜在进入者威胁的大小，取决于行业的壁垒及现有企业的反击能力。壁垒越高，现有企业的反击能力越强，其威胁就越小。按照波特的分析，行业壁垒的高低主要取决于以下四个因素：一是法律政策因素；二是技术因素；三是规模经济因素；四是经验曲线效应，就是有些行业需要积累经验才能降低成本，扩大销量。

第二，供应者力量。企业进入某一行业后，需要在市场上获取资源。对于供应方来说，是提供产品的差异，对于这一行业的企业来说，就要考虑供应方对企业成本的影响。除了这个因素以外，还必须考虑供方替代品投入的现状以及供方的集中程度，而批量大小对供方的成本和产业总成本及特色也有较大影响。

第三，替代品力量。随着技术边界变得模糊，新学科、新技术层出不穷，致使替代品不断出现。替代品对企业的生存构成威胁，这种威胁主要来自替代品相对价格的表现。因此，必须把客户对替代品的使用倾向考虑在内。

第三，现有竞争者的力量。同行业现有企业的竞争是最直接、最显著的。这种竞争会带来研究投资的增加，或者降价，这些都会降低利润。某一行业竞争激烈程度的直接影响因素有五个方面：一是该行业的增长，是夕阳行业还是朝阳行业；二是固定成本或附加价格；三是周期性生产过剩；四是产品差异；五是行业的退出壁垒。

第五，买方力量。购买者必然会对产品进行选择，并讨价还价。买方是决定企业生存的主要力量，他们主要从两个方面影响企业：一是砍价杠杆。包括下列因素：①双方地理上的集中度的比较，即相对企业而言买方的集中程度越高，对企业就越有利；②买方数量，包括买方组成的数量和买方购买的数量；③买方转换成本和企业转换成本；④买方获取信息的成本和替代品对企业的影响。以上都是构成买方砍价的主要因素，需要企业认真考虑。二是价格敏感性。一般来说，买方对价格是非常敏感的，除了价格外，还包括下列因素：①购买的总量；②产品差异和品牌专有；③产品质量及性能；④买方购买后所能形成的利润。所以，买方对价格的敏感性是行业获利能力的关键因素之一。

波特指出，这五种作用力构成了行业竞争分析的框架结构，每一个行业都有其独特的结构。

（二）三种竞争战略

波特认为，竞争有三种基本战略。

第一，成本领先战略。成本领先战略是这三种战略中最明确的一种，它主要依靠追求规模经济、专有技术、优惠的原材料以及其他一些因素，使企业的产品成本低于行业的平均水平，从而获得较大的利润和市场份额。在很大程度上成本领先战略依赖于企业的技术水平和管理水平。

第二，差异化战略。力求使自己在行业内独树一帜，有一种或多种特质，靠特质获得溢价的报酬。这种战略主要依赖于建立的基础产品本身、销售交货体系、营销渠道及其他因素。

第三，目标集聚战略。目标集聚战略有两种形式：一是成本集聚战略，就是在一些细分市场的成本行为中发掘特异；二是特异集聚战略，就是开发特异细分市场上顾客的特殊需求。

（三）价值链分析

价值链分析是波特的第三个竞争战略思想。分析企业竞争地位时必须使用价值，而不是成本，所以应该采取价值链的方法。

波特认为，每一个企业都是进行设计、生产、营销、交货以及对产品起辅助作用的各种活动的集合。所有这些活动都可以用价值链表示出来。整个活动是有机地联系在一起的（见图 12–2）。每一种价值活动与经济效益的结合，将决定企业在成本竞争能力的高低、对买方的需要以及其他方面的贡献。与竞争对手的价值链比较，可以揭示竞争优势的差异所在。

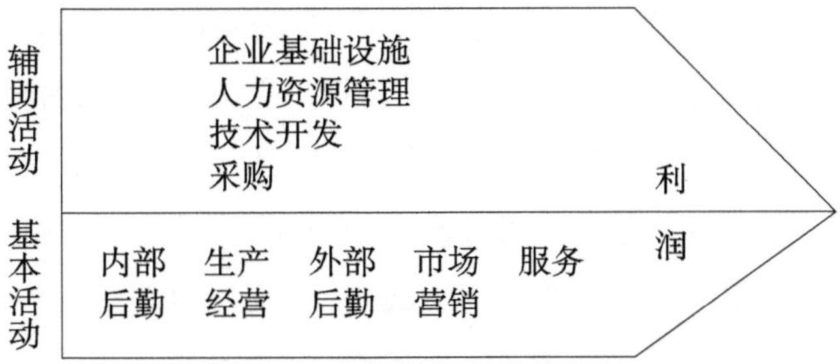

图 12–2　企业能力价值链分析图

三、约翰·科特的管理新规则

约翰·科特（John P Kother）是哈佛商学院松下领导学教授，世界知名的管理行为学和领导科学权威，他曾两度获得麦肯锡“哈佛商学院最佳论文”奖。美国哈佛大学商学院培养了世界上著名的企业精英，他们的商业实践对管理思想的发展有着不可低估的影响，更何况管理是一门实践性非常强的学科，它来自实践的同时，也为实践提供了一定的指导思想。科特是美国哈佛大学商学院有影响的管理学者，他用了 20 年的时间对哈佛商学院 MBA 出身的企业家进行跟踪调查，通过分析得出许多令人耳目一新的启示，对 20 世纪 80 年代后的管理思想的发展有很大的影响。

（一）科特关于美国经济发展的三个阶段思想

科特认为，美国经济的发展分为三个阶段。

第一个阶段是 1860—1930 年，这个阶段是美国经济迅速发展和美国大企业快速增长的阶段。在此阶段美国的经济发展主要有两个特征：一是美国大多数大公司都是在这一阶段成长和发展起来的，二是美国在这一阶段的发明超过了历史上任何一个国家 70 年发明的数量。

第二个阶段是从 1929 年“黑色的星期二”开始的。经济大萧条的发生，摧毁了人们对放任的资本主义经济体制的信任，凯恩斯的经济学第一次得到了广泛的应用。这一阶段在政府的干预下，美国大公司在许多方面取得了成功，尤其是在第二次世界大战后，国际形势给美国经济带来了良好的发展机遇，导致美国经济和大公司的发展都取得了巨大的成功。

第三个阶段是从 1973 年开始。海湾石油生产国第一次大幅度统一地提高了石油的价格，导致西方世界发生了一次极大的能源危机，这一事件对美国经济霸主地位的影响比以前任何一次事件都大，它标志着战后美国经济统治时代的结束，开始了真正的全球化的经济时代。

可以说，美国经济发展的第一阶段是深受工业革命的影响，第二阶段是深受政府行为的影响，进入第三阶段却是一个全球化竞争的阶段。

以前的管理理论是建立在大企业和大工业的基础上，在周围的经济环境对美国有利的条件下产生的，具有很强的针对性。进入 20 世纪 80 年代以后，国际经济形势和世界格局发生了变化，不能再按照原先的管理规则，而是应该遵守一种新的规则，这种规则是建立在经济发展的第三个阶段的特征基础上的。

（二）科特的管理新规则

在新的形势下，科特提出了一些新的管理规则。

第一，新的现实。不要再依靠传统，20 世纪大多数成功者走过的道路将不会再保证你成功了，应该着眼于全球化和不断变化的形势，它既提供了巨大的发展机会，也带来了相应的挑战。

第二，新的反应。离开庞大的官僚化的公司，去小型的、更企业化的公司，在竞争日益加剧的今天，快速、灵活、善变是企业制胜的法宝。

第三，新的力量。要增强竞争动力，高标准及强烈的取胜愿望是不可缺少的。如今，人们应该有一个适应变化的观念和思想，不断成长、终身学习对职业的成功显得越来越重要。

第四，领导艺术。科特除了从新的角度来认识企业发展的外部环境外，对企业中领导和管理也提出了一些新的见解。他认为，领导和管理是完全不同的两个概念。管理是计划、预算及详细的日程安排，并调拨资源来实现计划；而领导是确定经营方向、确立远期目标，并为实现远期目标制定变革的战略。在企业发展的过程中，这两者是缺一不可的，只有将有力的管理和领导结合起来，才能带来满意的效果。

（三）科特的领导激励四要素理论

科特提出了领导激励的四个基本要素。

一是价值。在向组织成员明确阐述远期目标时，要极力强调他们的价值，使其感到实现目标对他们至关重要。

二是参与。让组织成员积极参与进来，决定如何实现与他们密切相关的远期目标或远期目标的一部分，给他们一种操纵感。

三是自尊。积极支持组织成员为实现自身的远期目标而做出努力，并辅之以指导，使他们起到模范带头作用，提高自身水平，增强自尊感。

四是归属。对组织成员的成功给予公开的表扬和奖励，认可他们，使其有一种归属感。

（四）科特的领导四要素理论

在新的环境、新的观念和新的规则下，对企业的发展及管理思想的认识都有一个适应变化的过程。为了适应这一变化，科特提出了领导的四要素理论。

一是动力和精力。这是一个人的人格特点，是由人的遗传和后天经历所决定的。具有旺盛的内在动力，求发展、渴望获得成功的精神，这是领导者必不可少的特征。

二是智力和智能。这是具有卓越领导才能的领导者必须具备的基本条件，虽然他们不是天才，但是他们的智力是超出一般人的。智能对确定经营方向是至关重要的，不具备一定的智能就不可能吸收大量不同的信息，并找出这些信息之间的联系，因为这是一项颇具难度且极其复杂而艰巨的工作。

三是精神和心理健康。精神和心理健康在领导的全过程中都能表现出来，它可以帮助领导者准确把握他人的情感和价值观，在与人沟通上能起到至关重要的作用，尤其对确定企业经营方向能起到非常关键的作用，这是领导者的阅历和修养的体现。

四是正直的品格。正直是领导者的基本素养，领导者的正直对其下属和同事有着极其重要的影响。

科特认为，这四要素是对领导者的最低要求。如果这四项中的任何一项达不到最低要求，都会对领导行为产生不利影响。科特提出，现代社会需要的是管理能力和领导能力都具备的人。

四、彼得·德鲁克的知识管理

彼得·德鲁克（Peter F Drucker）是20世纪最重要的管理和商业活动思想家，被尊称为“管理学之父”。1946年出版《公司的概念》开拓性的著作，开现代管理之先河。德鲁克著述颇丰，其著作涉及工业社会的本质、企业管理的基础知识和技术变革等多个方面，见解独到而精辟，每一部著作都为管理学树立了里程碑，同时也奠定了“当代世界最不朽的管理思想大师”的地位。作为最早提出“知识社会”和“知识管理”概念的学者，1988年他在《哈佛商业评论》上发表了一篇名为《新型组织的出现》的论文。他指出，在经历了管理权和所有权分离、命令—支配型组织后，由于信息技术的发展，企业组织将进入新的形态：由专家小组构成的知识型企业，知识成为最重要的生产要素，这表明现代管理学的发展已经进入一个新的阶段——知识管理的时代。

德鲁克对知识管理的定义是：在充分肯定知识对企业价值的基础上，通过创造一种环境让每位职员能获取、共享、使用组织内部和外部的知识信息，以形成个人的知识，并支持、鼓励个人将知识应用到组织产品和服务中去，最终提高企业的创新能力以及对市场的反应速度。

知识管理的实施效果在知识型企业中最为显著。知识型企业的典型特征有五个方面：一是组织开发和传播基于知识的产品与服务，并以此为生存和发展手段；二是目标是实现企业智力资本价值最大化；三是企业文化有利于知识共享和持续学习；四是注重对知识资本的管理，以提高客户忠诚度；五是知识管理受到高层领导的支持。

企业所拥有的知识可分为两个部分，即显性知识和隐性知识。显性知识是指记录在各种介质上的知识，如图书、档案、数据库、计划、总结、报表等记录的知识；隐性知识是指存在于人的头脑中的未编码的经验性知识，如个人的技术诀窍，直觉、想象与创意，等等。知识管理的任务是对企业的显性知识和隐性知识进行处理，并把这些知识用一种适合于用户及商业环境的方式表示出来，提供给企业员工分享、吸收、利用。知识管理的任务大致包括四个方面：①使知识组织化；②提高知识密集度；③构建知识的基础框架；④创建知识环境。

知识管理的目标是运用集体的智慧提高企业员工的应变与创新能力，从而使企业具有更强的竞争力。知识管理的两个直接目标是知识共享与知识创新。个人的价值不在于他掌握了别人不懂的技术，而在于他能在多大程度上与别人共享并革新这一技术，从而形成一个良性发展的知识链，并最终将企业再造成具有竞争力的知识型组织。知识管理有以下六个特点。

（1）知识管理对象的无形化。知识管理是对无形资源——知识的管理。

（2）知识管理边界的不确定性。一方面，知识本身是无限的，不断地变化与发展的，隐性知识是难以控制和把握的；另一方面，在动态联盟的企业中，人力资源和组织结构的虚拟化，也使知识管理的边界变得模糊。

（3）知识管理过程的一致性。知识管理要求知识拥有者之间相互信任，通过人的行为规律和激励规律，使知识支配资本，使知识价值能够最大限度地得以体现和实现。

（4）知识创新是知识管理的目标。

（5）在知识管理下，报酬形式由按劳分配转为按知分配，沟通方式由纵向沟通转向横向沟通。

（6）知识管理是一个管理系统，而不是一条管理链，从而要求各方面的互动和联结。

知识管理的基本职能可分为两个部分：一是内部知识管理，包括知识的生成、交流、积累和应用四个环节；二是外部知识管理，即通过企业之间的交流与合作等对知识进行有效的管理。总体上讲，知识管理有四个基本职能，即外化、内化、中介和认知过程，如图 12-3 所示。

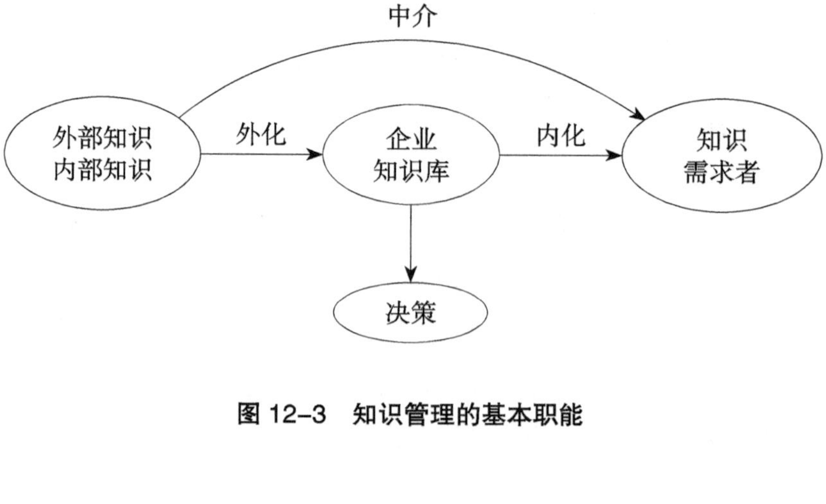

图 12-3 知识管理的基本职能

外化就是捕捉对本企业有用的知识以及集成内部知识以利于传播，使知识寻求者能够得到知识。内化是通过过滤企业知识库中的知识，并将其呈现给知识需求者，以节约知识使用者的时间，提高知识使用效率。中介是将知识寻求者和知识源相匹配，把项目研究者同有经验的人联系起来。认知是通过外化、内化、中介来运用知识，通常都是采用专家系统或使用人工智能技术，并据此做出决策。

知识管理的实施由三个系统组成：一是获取知识。学习和创新是获取知识的两条主要途径。二是传递知识。传递知识有两种方法，即编码法和人员法。编码法就是企业将所需的知识编辑存储在一个完善的数据库中，每个员工都能方便地获得所需要的信息。人员法就是依靠人与人之间的相互交流。三是使用知识。将知识运用于企业实践，服务于计划和决策等管理职能。

五、彼得·圣吉的学习型组织

彼得·圣吉（Peter M Senge）出生于 1947 年，获得斯坦福大学的工程学士学位，并获得了麻省理工学院社会系统模型专业的硕士学位及管理学博士学位，是麻省理工学院组织化学习中心的负责人。1990 年圣吉出版了《第五项修炼——学习型组织的艺术与实务》一书。圣吉以他的老师弗雷斯特教授的《新型企业的设计》一文的构想为基础，融合了其他几种出色的理论、方法与工具，提出学习型组织。圣吉认为，企业组织持续发展的精神基础是持续学习，并详细论述了建立学习型组织的五项修炼，通过五项修炼，培养弥漫于整个组织的学习气氛，进而形成一种符合人性的、有机的、扁平化的组织，即学习型组织。他还分析了学习型组织的一些重要特征，如组织成员拥有一个共同愿景，组织由多个创造型团体组成，组织具有“以地方为主”的扁平式结构，等等。

（一）学习型组织的含义

学习型组织就是指通过弥漫于整个组织的学习气氛而建立起来的一种符合人性的、有机的、扁平化的组织。这种组织具有持续发展的能力，是可持续发展的组织。

当今社会出现了许多重大变化，如组织内部、工作性质、员工的变化以及学习方法的变化，这些变化必然对组织产生影响。学习型组织就是通过不断地学习来改革组织本身的。圣吉提出，当“大部分世界变得联系越来越紧密，生意越来越复杂，而且互动性越来越强时，工作就必须是‘学习性’的”。圣吉认为：“再也不可能是经上司明确指点后，所有人才在这‘伟大战略’命令下开展工作。将来只有那些懂得如何激发组织内各个层次人员的学习热情和学习能力的组织，才能傲视同侪。”

（二）学习型组织的特征

彼得·圣吉认为，学习型组织有九个基本特征。

第一，有在周密计划的基础上敢冒风险、带头实践的领导者。

第二，采取分层式的决策及对职工授权。

第三，提倡一专多能，考核学习能力。

第四，有共享学习并把它应用到工作中去的系统。

第五，有鼓励职工主动精神的工资机制。

第六，关心长期性成果及对别人工作的影响。

第七，具有经常运用横向式组织功能作业的团队。

第八，有从日常经验中学习的机会。

第九，提倡信息反馈和信息展示。

（三）学习型组织的学习

学习型组织的学习包括以下三个方面：一是工作学习化，即把工作的过程看成学习的过程。二是学习工作化，即对待学习如同工作一样地要求。三是在所有层次上学习，在组织中学习，向更复杂的共享性的水平推进。也就是说，从个人、组织、团体层面的学习，到更大的业务单位和网络、组织本身和用户、供应商之间的网络学习，然后扩展到其他社会集团。在学习型组织中的学习是社会性的，人们在工作时为实现明确的目标而学习，个人帮助别人学习，集体在相互作用的状态下学习，其结果是将彼此联结起来，产生变革的学习。

（四）学习型组织的五项修炼

圣吉提出任何一个组织要成为学习型组织，都必须进行以下五项修炼。

第一，自我超越。自我超越是学习型组织的精神基础，这项修炼是学习不断厘清目标任务，增强个人愿望，集中精力，培养耐心，并客观地观察现实。自我超越的人能够不断地实现他们内心深处最想实现的愿望，他们对生命的态度就如同艺术家对艺术作品一般，全心投入，不断创造和超越，是一种真正的终身学习。组织整体对于学习的意愿与能力，植根于个别成员对于学习的意愿与能力。这项修炼对于组织中整体价值观的形成、组织成员对组织目标的认同、提高组织的学习能力都具有重要作用。

实现自我超越需抓好三项工作：一是要开展境界教育。如日本一家钢铁公司，用钢铁在公司里竖起一个很大的“人”字，这就是他们的境界教育，它告诉员工应该把公司建设成钢铁巨人，世界的钢铁巨人。二是要把工具性工作观转变为创造性工作观。一个员工如果把自己的工作仅看成换取报酬的工具，他的创造力就不大了；如果一个员工认为工作是为了发挥自我才能，这样的员工具有很强的创造力，在一个组织中，这样的员工多了，组织的创新能力就强了，组织的竞争力也就强了。三是要向极限挑战。学习型组织理论告诉人们，一个人或一个组织发展的最大障碍既不是上司，也不是所处的环境，而是自己头脑里的极限。人类最普遍的极限是自我极限。

第二，改善心智模式。心智模式根植于人们心中，是影响人们了解世界以及采取行动的许多假设、成见或者图像、印象等。心智模式决定了人们对世界的看法。心智模式是我们每一个人理解与看待周围事物的思维模式。这种思维模式是在长期的生活、工作和学习中形成的，是以一个人的价值观与世界观为基础的。

改善心智模式是所有修炼中最困难、影响也最深远的一项修炼，因为它涉及世界观的改变。改善心智模式的核心任务，就是要帮助我们“看见挡在眼前的玻璃，创造出更适合我们的心智模式”。对于一个组织来说，其心智模式是作为整体的心智模式，是由成员个体的特性汇聚而形成的组织的总体特征。对于个人来说，心智模式对于提高学习能力和智力水平具有重大影响；对于组织来说，它也是影响组织的学习能力和智力水平的重要因素。此外，这项修炼还可以提高组织的应变能力。

第三，建立共同愿景。共同愿景就是要回答我们“想要创造什么”的问题。个人愿景是人们心中或脑海中所持有的意象或景象，共同愿景是组织中人们所共同持有的意象或景象，它能创造出众人是一体的感觉，并遍布组织全面的活动，从而使各种不同的活动融会起来。圣吉归纳了共同愿景所包含的四项要素：愿景——我们想要的未来图像；价值观——我们如何到达我们的目的地；目的和使命——组织存在的理由；目标——我们期待在短期内达到的里程碑。

共同愿景对于学习型组织至关重要，因为它为学习提供了焦点和能量。在缺少愿景的组织中，组织成员只会产生“适应型的学习”，只有当人们致力于实现共同的理想、愿望和共同关注的愿景时，才会产生自觉的、创造性的学习。共同愿景帮助组织培养成员主动而真诚的奉献和投入的精神，从而取代员工对改革的抱怨以及对领导个人愿景的被动服从。

在建立组织共同愿景时应遵循如下原则：一是要重视个人愿景，不能对其排斥和压制；二是要学会将领导层的愿景变成组织成员的愿景；三是共同愿景应随形势和环境的变化而变化。

第四，团队学习。在现代组织中，不仅每个成员需要学习，而且整个组织也需要共同的学习。学习型组织的根本手段就在于学习，而团队学习是其最基本的形式。学习型组织的修炼必须通过团队学习的形式，才能组织并具体实施。一个组织要具有较强的竞争力，要真正提升组织智商和行动的能力，必须进行团队学习的修炼。

团队学习的组织形式是深度会谈。圣吉将学习型组织团队学习的形式称为深度会谈，以区别于交谈的另一种主要类型——讨论。深度会谈是一个团体的所有成员摊开心中的假设，真正一起思考的能力。深度会谈的方式充分地发展了团队学习的所有特性，将团队学习的优越性发挥得淋漓尽致。

第五，系统思考。系统思考是五项修炼的核心。圣吉认为，系统思考就是思考及形容、了解行为系统之间相互关系的方式，以帮助我们看清如何才能更有效地改变系统，以及如何与自然及经济世界中更大的系统相调和。系统思考可以使我们了解学习型组织最重要的部分，也就是以一种新的方式使我们重新认识自己所处的世界，即一种心灵的转变：从将自己看作与世界是分开的，转变为与世界是连接的；从将问题看作是由“外面”某些人或事引起的，转变为看到自己的行动如何造成问题。学习型组织是一个促使人们不断发现自己如何造成目前的处境，以及如何能够加以改变的地方。

从建立学习组织的角度看，圣吉认为系统思考修炼的精义在于心灵的转换：一方面，观察环状式因果的互动关系，而不是线段式的因果关系；另一方面，观察一连串的变化过程，而非片断的、一幕一幕的个别事件。我们生活在这个世界并要改造这个世界；我们生存于这个组织并试图改造这个组织，其基本的前提就是对这个世界、对这个组织的深刻认识。只有我们透彻地认识了系统运作的机制，才可能总结出规律，并利用规律来达到我们的目的。

圣吉认为，在五项修炼中第五项修炼即系统思考是最重要的。对于一个人或一个组织，事业的成败都与其能否进行系统思考有关。圣吉认为，改善心智模式和团队学习两项修炼是基础，自我超越和建立共同愿景两项修炼形成向上的张力，系统思考是核心。也就是说，前四项修炼都离不开系统思考。在改善心智模式和团队学习过程中，若不进行系统思考就不能打好基础；在自我超越和建立共同愿景两项修炼过程中，若不放在一个系统中来进行系统思考，就不可能产生向上的张力。

系统思考应遵循以下三个原则：一要防止分割思考，注意整体思考的原则；二要防止静止思考，注意动态思考的原则；三要防止表面思考，注意本质思考的原则。

（五）学习型组织与非学习型组织的区别

从表面上看，学习型组织与非学习型组织并没有什么不同；但是，如果仔细分析，走向学习型的组织在个人、团队、组织、社会四个层次上都会发生变化。

第一，典型的学习型组织把根本性的结构、文化的改革过程作为重点。在这样的组织中有这样的领导人，即使没有实现理想的结果也愿意冒充分估计到的风险，并且鼓励部下也这样做。

第二，在学习型组织中，信息超越境界，通过信息系统自由流动，学习就可以在所有的层次上共享，在所有的层次上结合到行动中。

第三，在学习型组织中，员工对自己做出的产品和服务具有责任心和主动性，不用等待命令。

第四，在学习型组织中，员工以团队形式进行活动。团队也有不能自我补充的时候，但他们享受自律性，即自己设定目标，决定工作方法，做出决策，等等。

第五，在学习型组织中，人才开发被放到战略的位置，学习被当作不可缺少的竞争战略。

第六，学习型组织显示了在职教育革命性的进步。信息时代，从作业现场到管理人员，都要求做出判断，进行复杂的思考，当然也有只需要完成单纯功能的工人，但多数是被要求完成复杂作业的人员。

第七，学习型组织成为教育新观念的组织基础。不仅如此，还把个人学习和组织学习结合起来，学习型组织是理解系统变化的一种启示。组织学习要通过个人学习来实现其目标，但这种个人学习只有被社会性地结构化、共有化，并用来改革整个组织或其中一部分时，组织学习才会成为可能。

（六）创建学习型组织的“7C”模式

创建学习型组织应该做到以下 7 个“C”。

第一，持续不断地学习（continuous）。由于组织中的学习在时间上受到制约，因而是选择性的、非自主性的，它是按照组织的需要而不是按照学习者的需要来进行的。适时培训是使学习者可以在需要的时候接受培训，对于成人来说，学习的关联性高、有直接利害关系时会更好地投入学习。当学习与工作经验直接有关时就会更有意义。

第二，亲密合作的关系（collaborative）。共同学习可以通过与别的参加者合作完成有意义的工作来进行。管理者的决策不仅要考虑经济利益，而且还必须表现出对人的关心。在组织中，人是最重要的资产，必须长期地重视这一点。有了一起学习的机会，组织还要鼓励成员之间互惠式的学习，并且承认这种学习的价值，这样人们就能不断地合作，共同学习。

第三，彼此联系的网络（connected）。在学习型组织中，人们是为长期性目标而不是短期性利润而工作的，让成员切实感受到自己的工作和产品对改善周围人的生活发挥了作用。企业原本就是与供应商、顾客以及社会这一大环境联系在一起的。有人说学习型组织是神经中枢复杂结合的网络，这一网络结构具有组织内每一部分功能多样地结合的可能性。要使组织内各部门相互学习，必须有促进高度互惠关系的组织结构。企业要担负起社会责任，企业社会环境的改善与职工的生活质量是联系在一起的。联系性是通过实践和期待而建立起来的。

第四，集体共享的观念（collective）。集体性学习是把个人和团体所共有的学习汇总集合起来的学习，集体性学习是个人和团体集体决定组织行为意志的方法。在集体学习中，包含超越境界的探索、为理解各种观点和课题的对话，成员朝着共同理解的方向互动前进。这样的精神模型可以通过坦率而自由的讨论来建立。

第五，创新发展的精神（creative）。学习型组织把创造性定义为用新的方法思考，特别表现为组织学习使自己的顾客满意的方法。因为顾客决定组织的命运，顾客所期望得到的产品或服务，只有以其满意的方式提供给他时，顾客才会高兴。所以，提供这样的产品或服务对企业来说是重要的行动。对于一个组织来说，只有有了创造性，才能超越各种界限。

第六，系统存取的方法（captured and codified）。系统存取的方法是指通过系统地建立计划、制度和信息系统，使组织成员能有效地存储、获得和共享学习资源。对于任何一项改革，如果没有确立基本政策和程序，就不会坚持下去。实际上，学习的提供者不仅有组织而且还有个人。因此，组织应当对成员的自我学习行为加以鼓励并进行考核，同时还应鼓励与正规教育机构、组织的其他部门甚至对手企业互换职工。此外，还应鼓励职工参与制定基本政策，这也是学习文化的一部分，而且从组织周围存在大量的信息这一点来说，决策也不可能是高层领导单方面的行为。

第七，建立能力的目的（capacity building）。组织学习的目的在于提高整个组织进行改革的能力。在成功的学习型组织中，创建了构筑整个组织持续学习的制度。例如，在工作现场培养基础能力的计划使组织的基础技能提高了。职工如果学习了创造性地解决问题的方法，并懂得了需要集体开发，他们就可以按照共享的愿景，用协调方法进行工作，从而提高组织能力。

六、查尔斯·萨维奇的第五代管理

1991 年，美国管理学家查尔斯·萨维奇博士（Charles M Savage）出版了《第五代管理》一书，他将管理分为五个发展阶段，从生产力的角度，找出各具特色的五个管理时期：手工作坊孕育了经验管理阶段，大机器孕育了以泰勒为代表的古典管理理论阶段，强调以人为中心诞生了行为科学管理阶段，计算机等现代高新技术孕育出现代管理理论阶段，以网络为基础产生了第五代管理阶段。

（一）第五代管理理论的实现条件——网络经济

网络经济减小了地理距离所造成的交流障碍。互联网络使社会生产过程由于地理距离所造成的空间障碍越来越小，其节约的时间和成本是区域经济所无法比拟的。生产者可以在全球范围内（至少在理论上是这样）选择比较优势最佳的途径进行信息共享、产品研发以及营销产品，企业可以利用大量的顾客数据，针对顾客的特殊需要进行产品设计、销售，其所具有的“全球村”效应又是跨国公司不具备的；同时，消费者也可以在全球范围内获得可选择的最优产品和服务。从这个意义上说，网络将形成新的经济格局和“游戏规则”。

网络经济实现了交易成本的最小化，是一种真正的生产商和最终用户直接见面的经济。电子商务的发展使商业交易的时空得到无限拓展，商家甚至可以在零库存的情况下维持正常的商贸业务，这无疑将极大地提高劳动生产率。

网络经济是可虚拟操作的经济。遵循共同认可的政策法规，通过数字化和符号化的虚拟交易，可以使商谈、签约、订货、支付、纳税等一切商务活动不受时空的限制。

适应企业虚拟扩张的需要，应建立网络化时代的新管理观。网络时代的企业不仅存在实物形态的扩张，更为重要的是企业通过网络实现了其虚拟的章鱼型企业组织构架。适应这种需要，企业的管理方式也正从封闭的、实物的、静态的管理向开放的、虚拟的、动态的管理转变。

（二）第五代管理的实施

第五代管理是一个需要高度集体行动的管理模式，它需要组织中的每一个人都以自己最大的热情与努力参与到集体协作中去，但第五代管理的建设需要解决以下问题。

第一，博弈问题。博弈不仅指模型中的企业内部的博弈，还包括企业内外的博弈以及改制企业与传统企业之间的博弈。企业内部的博弈往往来源于人与人之间信息不对称所造成的人与人之间的互相猜疑。虽然第五代管理所要建立的是一种充分信任与协作的组织形式，但在其实现的过程中，由于缺乏必要的利益激励措施，博弈现象反而可能比传统组织更严重。由于怀疑他人不会尽力参与对等的知识联网，个人也许会对自己的知识资源有所保留，所以他并不能肯定自己能从别人那里获得充分的知识（区别于信息）与帮助。

第二，构建虚拟企业。第五代管理中虚拟企业是建立在企业与其顾客以及顾客与顾客深度沟通的基础上的。互联网在空间上缩短了信息沟通的距离，也节约了信息交互的时间，但上网也是需要成本的（金钱和时间），顾客是否愿意拿出自己有限的闲暇来和企业进行广泛的交流？他们更多的时候也不知道自己确切的需要是什么，这难免使企业内部与外部的沟通受到影响。

第三，革新成本。企业是市场中的企业，是产业中的企业，因此，一个企业的行动无疑会受到其他企业的影响。第五代管理的建立所要付出的成本是巨大的，这种成本主要表现在对利益激励奖惩制度的废除，以及因为“路径依赖”和文化重塑带来的成本。要实现组织的变革，首要的就是取消基于利益的激励措施，但是如果没有现实的利益驱动，企业文化的重塑往往会面临巨大的阻力，因为人们对新思想的接受一般是较保守的（由改制的风险产生）。由于“路径依赖”效应的作用，人们一般倾向于维持现状，改革使每个人对自己的成本预期更大了，而这一成本在萨维奇的理论中得不到任何补偿。虽然从长期来看，第五代管理会给企业带来无限的生机与竞争力，可在短期内它不得不面临传统组织的巨大压力，这种压力甚至会给企业带来毁灭性的结局。

第四，规模问题。从组织规模来看，第五代管理的实现也不是一帆风顺的。组织的规模越大，个人从组织中获得的利益就越少。这种规模上的效应在第五代管理的实现中，除了削弱了个人利益，影响了个人参与集体协作的积极性外，还扼杀了利他主义。不可否认，虽然从整体上说人是“利益人”，但现实中也不乏具有利他精神的人，即利他主义者。这些人的最大特点，从经济学的角度来说，就是以先考虑集体利益为偏好。这种利他主义并不违反个人追求最大效用（满足）的假设，当任意两种目标替换时，利他主义同样遵循边际效用递减原则。当集体规模足够大时，个人的贡献相对于集体所获得的利益就微不足道了；而边际效用递减使个人做出的牺牲与个人所得是按照一定比例递减的，于是利他主义者将会由于观察不到其牺牲所带来的成果而丧失其为集体谋利的动力。这种效应对于“利益人”就更不用说了。由此看来，第五代管理在较小的组织中似乎更容易实现，而在规模庞大的组织中实现的难度会加大，甚至几乎是不可能实现的。

（三）第五代管理的实施过程应该遵循的原则

第五代管理的实施过程应该遵循以下原则。

第一，利益激励原则。这里的利益激励措施不同于等级式组织的奖惩制度，它应该是一种对改制和集体行动中的个人成本的补偿以及对个人参与行为的奖励。当然，这一点在现实中的操作比较复杂，但至少企业应该从利益方面对成员的牺牲进行补偿，以维持集体行动的一致性。在这种一致性中，企业才有足够的空间来实现企业文化的重塑。

第二，优化组合原则。注重对组织人员的筛选，要尽可能地将具有相近爱好和理想的人聚合在一起，这样会相对容易达到集体行动的一致性，这当然是出于对第五代管理的整体性、协作性的考虑。

第三，集体协作原则。第五代管理是一个富有创建性的设想，它对于企业管理的革新甚至“第六代管理”的提出，都是富有启发意义的。其理论实施的条件虽然在目前来说比较严格，可是其基本思想是值得借鉴的，即在企业革新的过程中，逐渐地通过利益激励的原则灌输第五代管理的基本思想，渐进地转换集体成员的心智模式，使他们形成一种与第五代管理思想基本一致的利益观，形成一种新的“路径依赖”，即集体协作的价值观。只有这样，不论是个体还是组织才能游刃有余地接受知识经济的挑战。

第十三章

当代管理思想的发展趋势

Management

Thoughts: Development and Reference

进入 21 世纪，世界经济正快速地从工业经济向知识经济发展，资源、资本和硬件技术不再是经济发展的首要动力。知识、信息技术成为经济发展的第一动力。知识经济引发的经济革命将是塑造全球经济的决定性力量。知识成为最主要的经济因素，推动社会生产朝着以脑力劳动为主并且不断开发新的资源的方向发展。

一、当代管理思想发展的总体趋势

急剧变革的环境为管理思想带来不可估量的冲击，从而推动管理思想呈现出五个发展趋势。

（一）管理理念的人性化趋势

管理理念是管理者在管理活动中所持有的思想观念和价值判断。人性化管理或管理的人性化是现代企业管理的发展趋势，这似乎已经成了一个不争的事实。人性化管理就是一种在整个企业管理过程中充分注意人性要素，最大限度地挖掘人的潜能的管理模式。人性化管理主要体现在以下五个方面。

一是感化管理。就是注重人的内心世界，根据情感的可塑性、倾向性和稳定性等特征进行管理，其核心是激发职工的积极性，克服职工的消极情感。

二是自主化管理。就是让员工参与决策。

三是自我管理。是指职工根据企业的发展战略和目标，自主制订计划，实施自我控制，实现企业目标，即“自己管理自己”。

四是能人管理。就是要发现和启用大批有才能的人参与企业管理。

五是文化管理。这是人性化管理的最高层次，通过培育企业文化，使员工形成共同的价值观和行为规范。

（二）管理形态的知识化趋势

知识经济时代的企业需要新的企业管理形态。作为企业管理形态的创新，企业管理将进入知识管理阶段，而知识管理就是利用组织的无形资产创造价值的艺术。其管理特点将更加注重企业知识的共享和创新，重视企业人才、企业创新、企业形象和企业文化发展战略，将知识和信息作为企业的战略资源，从而推动企业可持续发展。管理形态的知识化趋势主要体现在以下四个方面。

一是知识将成为企业的第一资源。无形资产的投资大于有形资产的投资；人力资本在企业各要素中的作用越来越明显，智力资本经理、知识经理、知识主管这些头衔的出现表明，知识在企业中的地位更加突出。知识将成为企业的第一资源。

二是知识密集型企业将快速发展。

三是知识的创造活动即创新成为企业最重要的活动。

四是对知识工人的需求与日俱增，传统的创新方式受到挑战，新的创新方式正在兴起。

（三）管理组织的虚拟化趋势

企业的组织模式自 20 世纪 30 年代以来，先后经历了等级制、职能制、分权制，最后进化到当下的虚拟制。虚拟企业是一种典型的动态联盟形式，它变传统的集权式组织结构为开放式网络组织结构，企业由“公司制”变为“联邦制”。虚拟企业不再是由确定的结构和可划分界限的能力来定义，它在供货厂商、客户和企业内部结构的范围内是流动的、相互渗透的和持续变化的。面对多变的需求和激烈的竞争，虚拟企业更加得到重视而被广泛采用。在虚拟企业中，企业在特定组织状态下运作具备了完整的企业功能，如设计、生产、运营、财务等功能，但在企业体内没有执行这些功能的组织，即企业仅保留一般企业中最关键的功能，其他功能在有限的资源下，将虚拟化，以各种方式借助外力来进行整合，进而创造企业本身的竞争优势。借用力量的对象可能是上游供应商，可能是竞争对手，也可能是客户。无论形式上如何表现，虚拟企业的基本精神在于打破企业有形界限，延伸企业的边界，借用外部资源整合，而非内部资源选择。虚拟企业具有以下五个特征。

一是人力虚拟化。虚拟企业首先是人力资源的虚拟集成，根据企业自身的人才资源优劣，和外部企业进行人才资源优势互补——“借鸡生蛋”，通过信息网络把来自各不同企业的人员集成在一起，为一个共同的目标来协同工作。

二是结构虚拟化。虚拟企业的最大优点是“用最大的组织来实现最大的权能”，其结构功能是虚拟的集成结构。

三是信息网络化。虚拟企业特别是高科技虚拟企业以信息网络为支持，以信息工程联网为基础。

四是组织动态化。虚拟企业由组建、生产、解体三个过程组成，其存在的时间完全取决于项目和产品。

五是并行分散式作业。在虚拟企业中，企业成员活动在空间上是分散的，在时间上是并行的。

（四）管理手段和设施的网络化趋势

信息科技特别是国际互联网的蓬勃发展改变了人类的生产、生活方式，极大地改变了企业运行环境，把全球企业带进了“电子商务”时代和虚拟化时代。这样，企业内部的管理手段和设施也就不可避免地把各种网络联系到一起。网络管理是一种全新的管理，即运用网络技术，对企业以及相关的部门进行管理。网络管理与传统管理相比在管理主体和客体、管理时间和空间、管理内容和形式、管理方式和手段、管理观念和文化、管理目标和使命等方面都发生了大跨度的变化。网络管理提出了三个新要求：一是要实现人力资源管理过程的柔性化和科学化；二是要建立数字化管理信息系统和扁平化管理结构；三是要强化管理者的创新意识，建立有效的管理机制。

（五）管理文化的全球化趋势

多年来，美国通过对日本管理模式的研究和反思，开始重视人力资源的开发和员工队伍的稳定；日本则在强化人事竞争机制，摒弃论资排辈。所以，在管理文化上，取长补短、相互融合是必然的趋势。因为所有经济活动都将超越国界，以利益最大化为指导原则的商家会选择最有利于各种活动本身的地方作为生产、销售和研究开发基地。在许多企业中，不同肤色、种族、民族的员工在一起工作，企业管理面临着多种文化相互融合、取长补短的态势。

世界经济的全球化要求企业领导者要有宽广的胸襟，加强企业文化层面的沟通与交流，以企业共同价值来凝聚广大员工的人气，只有这样的企业才真正是全球化的企业。

二、关于文化管理趋势

把人视为一种“文化人”的管理文化的出现，使管理中文化的因素越来越重要。随着高新技术的大量涌现及其产业化，世界经济的科技及知识含量迅速增加。文化这一涵盖社会、涉及人类总体行为的综合性命题，不仅是学术领域的事情，它早已渗透到人们的日常生活与工作中。经济学家、管理学家、企业家不得不从文化的角度重新审视和思考企业参与市场竞争所面临的一系列问题。文化在管理中的地位提到了前所未有的高度。基于“文化人”的管理要求，一种新的管理模式——文化管理便孕育出现了。

什么是文化管理呢？文化管理就是从文化的高度来管理企业，对企业的计划、组织、领导、协调、控制等方面都渗入文化因素，以文化贯通企业管理的全过程。它并不是如质量管理或成本管理那样的一种具体的管理方式，它更接近于一种管理理念，用文化这个“工具”对管理进行重新塑造，以打造出适应新的经济环境的管理模式。这是管理思想发展的显著趋势。这种趋势是以“文化人”假设为前提，以知识经济为背景的，表现出以下四个特征：一是以文化为基础，强调人的能动作用，是以人为本的更高层次的“人本主义”；二是组织结构呈现扁平化，具有灵活性、柔性、跳跃性和速变性的特点；三是强调团队精神和情感管理；四是以企业文化构建为主要手段，塑造企业文化是文化管理的核心内容。

文化管理趋势体现了管理思想的第二次飞跃。第一次飞跃是从经验管理到科学管理。第二次飞跃是从科学管理到文化管理。科学管理使企业管理走上了规范化、制度化和科学化的轨道，极大地推动了生产效率的提高，同时在实践中也暴露出其本质的弱点——对职工的忽视。伴随生产高效化的是人的工具化，以及工人对工作的厌烦、劳资矛盾的激化。发端于20世纪30年代、流行于60—70年代的行为科学，力图纠正和补充科学管理的不足。20世纪80年代兴起的企业文化理论，是这种努力的最新成果。它完整地提出了与科学管理不同的管理思想和管理框架，这种以企业文化建设为龙头的企业管理模式已经成为世界管理的大趋势。文化管理相对于科学管理而言，在管理的人性假设前提、控制方法、管理重点、领导者类型、管理控制、管理中心、组织形式、管理手段等方面均发生了显著的变化。

文化管理纠正了科学管理见物不见人的偏向，适应了人们需要层次不断提高、脑力劳动比重加大、知识经济兴起、第三产业发展、经济全球一体化等时代变迁，从而实现了高效率与高士气的良性循环，这是现代管理的第二次飞跃。

三、关于企业再造趋势

20 世纪 80 年代，美国的迈克尔·哈默和詹姆斯·钱皮，在广泛开展企业调研中发现，一些公司由于较大幅度地改变了它们的工作方法而在一个或多个领域取得了戏剧般的惊人成就。这些公司并没有改变它们所从事的业务，而只是改变了在那些业务中所遵循的业务过程，或者干脆取消了那些陈旧的业务过程。通过进一步观察，他们还发现，追求根本性的改变而不是渐进式的改良是这些企业的另一个特点。它们首先向自己提出的问题不是“如何把我们所做的事情做得更好”，而是“为什么我们要做现在正在做的事情”。在大量调查的基础上，1993 年哈默教授和钱皮先生出版了《企业再造——工商管理革命宣言》一书。这本书的发表不仅在美国，而且在全世界引起了巨大反响。

《企业再造——工商管理革命宣言》一书对企业再造进行了精辟的论述，书中称企业再造是工商管理史上的又一次革命，是开给美国企业的一剂“猛药”。两位作者把这次管理革命的矛头直接指向亚当·斯密的分工理论，并以分工理论直接起作用的领域——业务流程作为革命的突破口。他们的理论宣传和亲自参与的企业再造实践，把企业再造运动推向高潮。继《企业再造——工商管理革命宣言》出版之后，哈默与斯坦顿

(S A Stanton) 于 1995 年联合推出《再造革命》一书，这是一本指导企业再造实践的手册；哈默于 1996 年推出《超越再造——以流程为中心的组织怎样改变我们的工作和生活》一书，该书分析了企业再造运动对人们工作和生活可能带来的影响，以及人们如何做好思想准备。后两本书的出版是对企业再造理论的丰富、发展和进一步诠释。

那么，什么企业再造呢？企业再造是指为了使绩效的关键指标取得显著改善，从根本上重新思考、彻底改造业务流程。其中，衡量绩效的关键指标包括产品和服务质量、顾客满意度、成本、员工工作效率等。

我们可以从以下四个方面来把握企业再造的含义。

第一，企业再造需要从根本上对分工思想、等级制度、规模经营、标准化生产和官僚体制等进行重新思考。这就需要打破原来的思维定式，进行创造性思维。

第二，企业再造是一次彻底的改变。它不是对组织进行肤浅的调整修补，而是要进行脱胎换骨式的彻底改造，抛弃现有的业务流程、组织结构以及陈规陋习，另起炉灶。

第三，企业通过再造工程可望取得显著的进步。企业再造是根治企业顽疾的一剂“猛药”，渴望取得“大跃进”式的进步。

第四，企业再造从重新设计业务流程着手。业务流程是企业以输入各种原料和顾客需求为起点到企业创造出对顾客有价值的产品（或服务）为终点的一系列活动。在一个企业中，业务流程决定着组织的运行效率，是企业的生命线。

从上面的分析中我们可以看出，企业再造与以前的渐进式变革理论有本质的区别。企业再造是一些组织的再生策略，它需要全面检查和彻底翻新原有的工作方式，把被分割得支离破碎的业务流程合理地“组装”回去。通过重新设计业务流程，建立一个扁平化的、富有弹性的新型组织。

企业再造不同于全面质量管理，它是抛弃现存的流程而代之以全新的业务流程。企业再造不同于适时制造，适时制造是由日本丰田汽车公司的“看板管理”发展而来的，要求在生产过程中无废品、零库存、各工序之间零延迟，追求全过程的尽善尽美；但是，在市场销售不畅、任务不饱满，适时制造系统就形同虚设。企业再造与适时制造的区别是视野较宽，具有“宏观”观念，对各种业务流程的定义是动态的，具有较强的灵活性，可以根据顾客需要进行重新组合。企业再造不同于事业重组，它着眼于任务是怎样完成的，以及如何相应地重新设计业务流程，从而带动整个组织的全面变革。

那么，企业再造理论适用于那类企业呢？企业再造理论适用于以下三类企业。

第一类是问题丛生的企业。这类企业问题丛生，除了进行再造之外别无选择。如有的企业生产成本过高，无法与同行企业竞争，或是入不敷出，连年亏损；服务质量毫无水准可言，导致顾客怨声载道，甚至群起而攻之；企业产品开发失败率是同业的几倍等。显然，这些企业需要彻底地进行改造。

第二类是目前业绩虽然很好但却潜伏着危机的企业。这类企业就当前的财务状况看还算令人满意，但却有“风雨欲来”之势。如新的竞争者纷纷出现、顾客的需求正在变化、政府即将修改产业政策等，这一切环境因素都可能在转眼之间使企业的业绩化为乌有。这类企业应当及早进行改造。

第三类是正处于事业发展高峰的企业。这类企业虽然事业处于发展高峰，但是雄心勃勃的管理阶层并不安于现状，决心大幅超越竞争对手。这类企业将企业再造看成大幅超越竞争对手的重要途径，它们追求卓越，不断提高竞争标准。

四、关于管理的国际化趋势

管理的国际化是21世纪管理研究最重要的领域之一。现代管理的开放性主要表现为迅速的国际化趋势，或者说当今政治经济发展的国际化趋势成为现代管理的客观环境。特别是现代交通、通信技术、互联网、大数据的迅速发展促成了全球经济一体化，迫使管理者不得不把管理系统置于国际大环境之中。导致管理国际化主要有三大因素。

第一个是经济因素。经济全球化是当代管理环境变化的最重要特征。经济全球化是指国与国之间经济的相互联系、相互依存和相互竞争，在全球范围内优化配置资源，使经济活动跨国界、趋于一体化的过程。全球化的发展首先表现为国家之间互相依赖程度的加强，各国国内政策的自由度减少。在21世纪，全球化将表现为全球化行为主体，如跨国公司和金融机构等边界的淡化和消失。经济全球化具体体现为以下三个方面：一是金融全球化。从战后各国金融的发展趋势来看，国际金融的发展快于国际贸易的发展，这有助于更好地满足各国发展经济的需求。科学技术的进步和现代通信手段的不断创新，使得金融的交易进一步全球化，巨额资金可以在几秒钟内完成全球范围内的转移；同时，金融自由化程度的加深，使得资本的输入输出更为容易和快捷。二是生产国际化。生产国际化是指商品生产在跨国界范围内进行，生产要素在全球范围内进行合理配置的趋势。生产国际化的主体是跨国公司，跨国公司在世界范围内进行活动，从而推动了科学技术、信息和知识在全球范围内的传播和应用，促进了国际的合作交流与竞争。三是生活国际化。这里包括商品和劳动力的输出和输入的国际化。这意味着人们工作和消费范围的扩大，可供人们选择的工作种类和可消费商品种类的增多，国际的文化交流也日益增多。

经济因素还表现在知识经济时代的来临。信息技术的发展和经济全球化促进了全球范围内知识的生产、传播和应用，从而有力地推动了知识经济的发展和知识经济时代的到来。

经济因素还包括全球企业和小型企业的迅速发展。为了在全球经济中取得和保持竞争优势地位，跨国公司通过进行全球并购和企业重组建立超国家的大型和巨型全球企业。这种全球型企业的数量在 21 世纪将迅速增加。与此同时，技术与技能密集型的小型和微型企业的数量将急剧增长。小型和微型企业所需人员少，设备轻、新、小，就业人员素质和知识水平高，生产效率高，产品更新周期短。

第二个是技术因素。技术因素包括两个方面：第一，是国际网络技术的普及和全球信息高速公路的构造。1946 年世界上第一台电子计算机的诞生是个划时代的发明。自此以后，微电子技术、计算机技术、通信技术得到迅速发展。1971 年英特尔公司发明了微处理器，1976 年苹果公司推出个人电脑，到 20 世纪 80 年代，以微软公司为代表的软件产业崛起。软件与硬件的交替发展，又进一步推动了信息技术和信息产业的发展。到 1995 年，因特网商业化后，又把技术、软件通信等综合起来，形成新的信息革命的高潮。现代通信技术的宽带化、智能化、个人化和多媒体的综合业务数字功能，为人们迅速传递、交换及生产信息提供了便利，使得人们普遍受益于覆盖全球的通信和网络系统。全球信息高速公路的构造，国际网络的普及，使信息技术带来的网络化、数字化时代随之到来。第二，是电子商务的迅速发展。电子商务是利用现代信息网络进行商务活动的一种方式，它具有经济性、开放性和全球性等特点。电子商务以其低成本、高效率和不受公司规模、活动地域与时间限制的优势，在 20 世纪 90 年代后有了迅速发展，成为一种全球性的新的经济现象。这意味着交易商务活动在网上进行，企业与企业、企业与顾客之间的距离越来越近，联系也更直接与紧密。

第三个是政治和法律因素。它主要体现在两个方面：一是环保意识的增强。由于污染的加剧和能源的枯竭，人类可利用资源的衰竭和减少，人们对环保的呼声也越来越高，各国的环境保护法相继出台，中国于 1989 年通过了《中华人民共和国环境保护法》，有关环保的国际条约越来越多，要求企业在追求自身经济利益的时候，不要忘记对环境的保护，对社会承担一点责任，同时也号召企业参与到环境保护中来，如生产绿色产品、实行产品监测、控制污染物的排放等。人们的环保意识增强，对企业在环境保护中所采取的态度也越发重视，希望企业能树立这方面的良好形象。二是可持续发展的要求。可持续发展是既满足当代人的需求，又不对后代人满足他们需求的能力和机会构成威胁和危害的发展。保持经济和环境的可持续发展，成为人们日益关心的问题。由此而引发出“循环经济”的概念，即要求建立一种以物质闭环运动为特征的经济，以实现可持续发展所要求的环境与经济双赢。

那么，管理的国际化对管理实践提出了哪些新要求呢？作为一种新的管理趋势，管理国际化对管理研究和管理实践提出了五条新的要求。

第一，管理人员必须了解不同的教育文化背景、价值观，还要熟悉各种法律、经济、政治制度。

第二，国际化的管理使计划工作变得更加复杂、困难，同时也使计划工作更为重要。国际化管理的首要内容就是把自己的优势和劣势放在来自外部环境的机会和威胁中进行权衡，然后制订科学合理的计划。

第三，管理国际化会导致新型组织结构的产生与发展。例如出现了全球产品结构、全球地区结构、全球职能结构、全球混合结构、全球矩阵结构以及无缝组织等。这些组织结构的类型存在于跨国公司中，不同的跨国公司根据其目标和组织环境的不同选择不同的组织结构。

第四，国际化管理要求采用相应的人员配备模式和人事政策。国际企业可以采用三种策略选择子公司的主管人员，即本国中心策略、当地中心策略和全球中心策略。多数国际企业雇用东道国和第三国公民担任子公司的管理人员。

第五，国际化管理使控制工作较之国内企业的控制工作要复杂和困难得多，也使得控制工作更加具有挑战性。在管理国际化中，控制工作依然是一项关键性的管理职能，是为了确保经营活动与计划和目标相符合而对绩效进行衡量和校正。控制职能的执行更多地受到跨国公司所独有的若干环境因素的影响，这些因素大致可归纳为以下几个方面。

（1）跨国公司的收益、成本和利润都按照不同货币计算。

（2）各国货币的汇率都受高度浮动的影响。

（3）各国会计实务与财务报表制度往往不同，这些原因使得跨国公司的控制工作更具有挑战性。

（4）衡量绩效的复杂性，以至于对绩效的衡量会产生时滞，而这可能延误发现偏离标准情况和采取纠正措施。

五、当代管理思想发展趋势对我们的启示

当代管理思想发展趋势对我们有以下几个方面的启示。

第一，管理形态的知识化趋势将使知识管理成为企业的核心竞争力。尽管企业管理的内容方方面面，然而，进入知识经济时代，企业需要创新管理形态，以适应知识经济发展需要。作为企业管理形态的创新，企业管理将进入知识管理阶段，而知识管理就是利用组织的无形资产创造价值的艺术。要求管理者把知识作为企业的第一资源，高度重视人力资本在企业各要素中的主导作用，把知识管理放在企业更加突出的地位，把知识的共享与创造活动作为企业最重要的活动，把尊重知识、尊重人才、尊重创新作为管理者必须遵循的重要原则。

第二，文化管理趋势将使我们面临诸多挑战。文化管理趋势就是通过企业文化的培育和管理文化模式的创新，使员工形成共同的价值观和行

为规范。那么，这里就会出现一个问题，就是选择什么样的文化作为企业文化；换句话说，就是选择什么样的文化来塑造企业的核心价值观，凝练企业愿景、企业使命、企业精神等。国与国的竞争，核心是文化的竞争。企业文化是社会的亚文化，同样是国家文化的组成部分。因此，我们在确定企业文化内涵时，一定要有民族意识和国家站位，增强中华民族的文化自信，在继承中华民族优秀文化的基础上，以开放、借鉴的态度，博采众长，为我所用，正视文化对经济的潜在影响和前瞻作用，不能盲目地让文化完全按照市场经济规律和价值取向发展。

第三，企业再造趋势为我们提供了重新构建的理念。以往我们面临困难和问题，常常想到的是提高人的素质、推进技术创新、改善外部环境等措施。学习了企业再造理论，看到了企业再造趋势，我们完全可以选择新的视角来研究问题，从根本上重新思考、彻底改造业务流程，提出全新的策略。也就是说，遇到问题，我们不仅可以考虑要素优化，同时还可以考虑程序优化。也许程序优化会给问题的解决带来革命性的效果。

第四，管理组织的虚拟化趋势告诉我们，企业要素的组合，要树立“不求所有，只求所用”“借鸡生蛋，优势互补”的观念。在互联网、大数据、人工智能、智慧城市的大背景、大环境下，企业不必追求大而全，完全可以实行虚拟制。通过动态联盟的形式，搭建开放式网络组织结构以构建完整的企业功能，如生产、运营、设计、财务等，既可以保证企业功能的完整性，还可以降低投资成本与风险，通过优选人才、优选渠道、优选机构来优化企业的专项功能，增强企业的灵活性、适应性，面对多变的需求和激烈的竞争，企业更具有生命力和创造力。

参考文献

[1] DA雷恩.管理思想的演变〔M〕.李柱流，赵睿，肖聿，等译.北京：中国社会科学出版社，2000.

[2] CS小乔治.管理思想史〔M〕.北京：商务印书馆，1985.

[3] 孙耀君.管理思想发展史〔M〕.太原：山西经济出版社，1999.

[4] 郭咸纲.西方管理思想史〔M〕.北京：经济管理出版社，2004.

[5] 陈钦庄，詹天祥，计翔翔.世界文明史简编〔M〕.杭州：浙江大学出版社，2000.

[6] 李世安.世界文明史〔M〕.北京：中国发展出版社，2000.

[7] 蒋国维，向群，唐同明.世界史纲〔M〕.贵阳：贵州人民出版社，1985.

[8] E M 伯恩斯，P L 拉尔夫.世界文明史〔M〕.赵丰，罗培森，刘宗亚，等译.北京：商务印书馆，1995.

[9] 隆瑞.世界著名管理学家管理法则全书〔M〕.北京：中国对外翻译出版公司，1999.

[10] 曹日昌.普通心理学〔M〕.北京：人民教育出版社，1987.

[11] 赵中天.企业管理心理学〔M〕.北京：科学技术文献出版社，1986.

[12] 张兰霞.新管理理论丛林〔M〕.沈阳：辽宁人民出版社，2001.

[13] 斯图尔特·克雷纳.管理大师50人：影响世界进程的管理大师〔M〕.柳松，秦文淳，译.海口：海南出版社，2000.

[14] 颜光华，刘正周.企业再造〔M〕.上海：上海财经大学出版社，1998.

[15] 李仕模 . 第五代管理〔M〕. 北京：中国物价出版社，2000.

[16] 汤姆 · 彼得斯 . 振兴于混乱之上：管理革命手册〔M〕. 周瑶明，译 . 上海：上海人民出版社，1990.

[17] J 彼得斯，H 沃特曼 . 追求卓越〔M〕. 胡玮珊，译 . 北京：中信出版集团，2012.

[18] 迈克尔 · 波特 . 竞争优势〔M〕. 陈小悦，译 . 北京：华夏出版社，1997.

[19] 孙涛 . 知识管理〔M〕. 北京：中华工商联合出版社，1998.

[20] 欧文，等 . 经济魔杖——50 位大经济学家如何影响和改变世界历史〔M〕. 北京：中国社会出版社，1997.

[21] 查尔斯 · 萨维奇 . 第五代管理〔M〕. 谢强华，等译 . 珠海：珠海出版社，1998.

[22] 薄宏 . 管理学〔M〕. 天津：天津大学出版社，1993.

[23] 汪克夷 . 管理学〔M〕. 大连：大连理工大学出版社，1998.

[24] 彼得 · 圣吉 . 第五项修炼：学习型组织的艺术与务实〔M〕. 郭进隆，译 . 上海：上海三联书店 .1997.

[25] 郑美群 . 管理学——原理、方法、前沿理论〔M〕. 长春：吉林人民出版社，2002.

[26] 张光忠 . 世界营销比较〔M〕. 北京：中信出版社，1996.

[27] 冯俊文 . 企业知识管理〔J〕. 软科学，2000，14（1）：53–56.

[28] 刘熙瑞 . 现代管理学基础〔M〕. 北京：高等教育出版社 .1991.

[29] 傅家骥，姜彦福，雷家啸 . 技术创新——中国企业发展之路〔M〕. 北京：企业管理出版社，1992.

[30] 林建，杨新华 . 知识管理：理念与作用机制〔J〕. 工业技术经济，2001（3）：3–4.

[31] 李光 .21 世纪企业管理思想的发展趋势〔J〕. 技术经济与管理研究，2001（3）：82–84.

[32] 刘小鲁．第五代管理：从理想到现实〔J〕．唯实，2001（10）：33−37.

[33] 刘武，朱明富．构建知识管理系统的探讨〔J〕．计算机应用研究，2002（4）：35−37.

[34] 张康之．追踪管理国际化的趋势〔J〕．北京科技大学学报：社会科学版，2000（1）：15−18.

[35] 向吉英．管理文化与文化管理〔J〕．暨南学报：哲学社会科学版，2001（4）：48−53.

[36] 葛京．企业国际化过程中的知识转移与组织学习〔J〕．中国软科学，2002（1）：57−60.

[37] 魏宜瑞，白尚平．网络管理：科技管理创新的必然选择〔J〕．科技情报开发与经济，2002（1）：65−66.

[38] 赵志军，赵瀚清．中外管理思想史〔M〕．长春：吉林人民出版社，2010.

后 记

我们从 6000 年前的苏美尔人的管理思想，一直穿越历史长河来到当代，领略了前人丰富的管理实践，学习了大量的管理理论与实践智慧，开阔了眼界，这一切都是为了提高我们的管理水平，推进我们的管理创新。这就要求我们要坚持学以致用，用所学知识服务于实践，并在实践中加深理解和检验理论，提高实践能力，促进事业发展。我们深知，实践在发展、环境在变化，对管理思想的探究永无止境。我们研究了以往的管理思想，了解了人类管理思想的产生、发展和演变过程，对于管理工作者而言，这仅仅是起步，还有大量的管理问题等待我们探究。管理是一门理论性、综合性很强的科学，同时又是一门实践的艺术，这就要求我们不仅要不断拓宽视野，积极学习哲学、社会学、心理学、系统论、运筹学等多学科知识，还要向实践学习，向智者学习。总之，学习永远在路上，探究永远在路上，创新永远在路上，这是保持生命之树长青、智慧之花长开的根本途径。

在学习和研究的过程中，我们阅读了古今中外的大量文献，在撰写过程中参阅了大量相关著作、论文，赵志军承担管理思想的发展研究，王姣、赵翰林承担管理思想的借鉴和启示研究，企业管理出版社的周灵均老师为本书的出版付出了辛勤努力，在此一并表示衷心感谢！

由于我们水平所限，书中难免有疏漏之处，敬请专家和读者指正。

赵志军　王姣　赵翰林

2022 年 7 月